Astro-Sex

Jasmin Rachlitz

Astro-Sex
Horoskop der Leidenschaft

FALKEN
Taschenbuch

Im FALKEN Taschenbuch sind weitere astrologische Jahrbücher erschienen.
Sie sind überall erhältlich, wo es Bücher gibt.

Von derselben Autorin ist im FALKEN Taschenbuch bereits erschienen:
Horoskop und Charakter (60410)
Astrologie und Gesundheit (60194)

Besuchen Sie uns auch im Internet unter: http:/**www.falken.de**

Der Text dieses Buches entspricht den Regeln
der neuen deutschen Rechtschreibung.

Dieses Buch wurde auf chlorfrei gebleichtem
und säurefreiem Papier gedruckt.

Originalausgabe
ISBN 3 635 60438 0

© 1999 by FALKEN Verlag, 65527 Niedernhausen/Ts.
Die Verwertung der Texte und Bilder, auch auszugsweise, ist ohne Zustimmung des
Verlags urheberrechtswidrig und strafbar. Dies gilt auch für Vervielfältigungen, Über-
setzungen, Mikroverfilmung und für die Verarbeitung mit elektronischen Systemen.

Umschlaggestaltung: Zembsch' Werkstatt, München
Redaktion: Buch-Werkstatt GmbH/Vera Baschlakow
Herstellung: Michael Feuerer, Bad Aibling/Hermann Schneider
Produktion: Buch-Werkstatt GmbH, Bad Aibling
Druck: Freiburger Graphische Betriebe GmbH, Freiburg

Die Ratschläge in diesem Buch sind von der Autorin und vom Verlag sorgfältig er-
wogen und geprüft, dennoch kann eine Garantie nicht übernommen werden. Eine
Haftung der Autorin bzw. des Verlags und seiner Beauftragten für Personen-, Sach-
und Vermögensschäden ist ausgeschlossen.

817 2635 4453 6271

INHALT

EINLEITUNG

Sex ist schon lange kein Tabu mehr. Heutzutage sind die meisten Menschen aufgeklärt und wissen über die Welt der Erotik und der Sexualität Bescheid. Es gibt kaum ein Thema, über das wir von den Medien nicht bis ins Detail informiert wären. Kein Wunder, dass so mancher mit einem gewissen Überdruss zu kämpfen hat. Aber kennen wir unsere eigenen Wünsche und Bedürfnisse und die unseres Partners wirklich?

Die Menschen sind auch in Sachen Sexualität und Erotik unterschiedlich: Der eine ist eher ein heißblütiger Typ und für alles Ungewöhnliche offen, der andere gibt sich mit „Hausmannskost" zufrieden. Die Astrologie kann auch auf diesem Gebiet eine echte Orientierungshilfe sein.

Vielleicht sind Sie gerade frisch verliebt und wollen wissen, was Sie bei Ihrem Liebsten erwartet? Oder Sie haben einen Dauerpartner und möchten gerne über seine geheimen Wünsche, seine Vorlieben und Abneigungen informiert werden. Zahlreiche Tipps sollen Ihnen den Umgang mit dem oder der Angebeteten erleichtern – vom ersten Rendezvous bis hin zur gemeinsamen Liebesnacht, aber auch in der Dauerbeziehung.

In meiner langjährigen Praxis habe ich festgestellt, dass schon das so genannte Sternzeichen, also das Tierkreiszeichen, in dem die Sonne zum Zeitpunkt der Geburt eines Menschen stand, sehr vielsagend ist und interessante Aufschlüsse über das partnerschaftliche Verhalten bietet. Deshalb bilden die zwölf Sternzeichen die Grundlage meiner Beschreibungen.

Außerdem ist auch die Stellung der Planeten Mars und Venus für Liebe und Sex von Bedeutung. Anhand der Tabellen ab Seite 127 können Sie herausfinden, in welchem Tierkreiszeichen sich Mars und

Venus zum Zeitpunkt Ihrer Geburt befanden. Lesen Sie ab Seite 109, welche Konsequenzen das für Sie und Ihr Liebesnaturell hat. Vielleicht ergänzen sich die Planeten gut mit Ihrem Sternzeichen oder sie sind eher gegensätzlich. Manchmal erklärt dies eine gewisse Ambivalenz im Wesen eines Menschen. Allein das Wahrnehmen zweier gegensätzlicher Seiten in sich hat nicht nur einen Aha-Effekt zur Folge, sondern häufig geradezu etwas Heilsames. In jedem Fall muss man lernen, beide Seiten als zu einem gehörig zu akzeptieren. Natürlich gilt das auch für Ihren Partner, und Sie können nach der Lektüre dieses Buches mehr Verständnis für ihn oder sie entwickeln.

Ich wünsche Ihnen viel Spaß beim Lesen und natürlich auch so manche Erkenntnis, die Sie vielleicht mit Ihrem Partner oder Ihrer Partnerin umsetzen wollen!

DIE ZWÖLF TIERKREISZEICHEN

Im Folgenden möchte ich Ihnen nun zeigen, wie unterschiedlich die zwölf Tierkreiszeichen in Liebesdingen sind. Jede(r) reagiert eben auf eine ganz bestimmte Art in Sachen Erotik. Die Tierkreiszeichen werden nach folgenden Gesichtspunkten vorgestellt:

Das Liebesgeheimnis

Kennen Sie Ihren Partner wirklich? Wenn Sie einen Zwilling lieben, sollten Sie auf Überraschungen gefasst sein. Seine zwei Gesichter haben es in sich. Mit einem Steinbock kann Ihnen das wirklich nicht passieren, aber beschweren Sie sich dann ja nicht, er wäre zu berechenbar! Geheimnisse gehören bei der Liebe nun einmal dazu und doch möchte man sie unbedingt ergründen. Hier können Sie einmal hinter die Kulissen schauen und Ihren Partner bzw. Ihre Partnerin von einer bislang unbekannten Seite kennen lernen.

Der kleine Unterschied

Kennen Sie den kleinen Unterschied? Natürlich, denn er macht schließlich alles so ungeheuer reizvoll, aber manchmal leider auch schwierig. Eine Widder-Lady beispielsweise wird zwar sehr temperamentvoll sein, doch verglichen mit ihrem männlichen Pendant ist sie immer noch dezent. Kleine Skizzen des weiblichen und des männlichen Typs lassen Sie sicher einige Parallelen zu sich oder zu Ihrem Partner entdecken. Ergänzend gibt es noch ein paar prominente Beispiele.

Erogene Zonen

Seien Sie doch mal ehrlich, haben Sie nicht auch geheime Stellen an Ihrem Körper, bei deren Berührung Sie alles vergessen könnten – einmal abgesehen von den bekannten Körperpartien? Stellen, wo es etwas subtiler zugeht. Vielleicht bringt Sie ein sanfter Biss in Ihr Ohrläppchen oder das Massieren Ihrer Kniekehlen in Wallung? Die Sterne verraten erotische Wünsche und natürlich auch alles über erogene Zonen.

Das erste Rendezvous

Herzklopfen und weiche Knie gehören beim ersten Rendezvous einfach dazu. Doch es ist ein enormer Unterschied, ob Sie sich mit einem geheimnisvollen Skorpion oder einem heiteren Zwilling verabredet haben. Was der eine unwiderstehlich findet, geht dem anderen schlicht auf die Nerven. Hier finden Sie Tipps, wie Sie Ihr nächstes Stelldichein erfolgreicher gestalten, indem Sie Vorlieben und Abneigungen Ihres Schatzes berücksichtigen, egal, ob Sie einfach nur ein kurzes Abenteuer oder den Partner fürs Leben suchen.

Der erotische Traum – die erste Liebesnacht

Langsam wird es Zeit, dass Sie Ihrem Flirt ein wenig näher kommen! Ob es eine einmalige Sache oder die ultimative Verschmelzung wird, wer weiß? Natürlich ist es nicht das Gleiche, ob Sie sich einem stolzen Löwen unterwerfen oder mit einem verspielten Zwilling das Lager teilen. Und mit einem stürmischen Widder könnten Sie eher im Bett landen, als Ihnen lieb ist. Auf jeden Fall ist die erste Liebesnacht auch entscheidend für den weiteren Verlauf Ihrer Beziehung und Ihrer zukünftigen erotischen Begegnungen. Am besten, Sie wissen schon vorher, worauf Sie sich eigentlich einlassen.

Frische Impulse für Dauerbeziehungen

Gehören Sie zu den Glücklichen, die nach 20 Jahren Ehe noch Herzklopfen bekommen, wenn sie ihren Angetrauten oder ihre liebe Gattin am Frühstückstisch erspähen? Dann sind Sie wirklich zu beglückwünschen und brauchen dieses Kapitel nicht eingehend zu studieren (auch wenn es natürlich nicht schadet, sich den einen oder anderen Tipp zu Herzen zu nehmen). Für alle anderen soll es eine kleine Orientierung anbieten, wie man auch nach Jahren noch für ein wenig Spannung sorgen kann sowie das gegenseitige Verständnis und Interesse lebendig erhält. Man hat den Vorteil der Vertrautheit und doch sollte man seinen Partner als ein allzeit wandelbares Geschöpf betrachten.

Die Traumpartner in Liebe und Sex

Sie wissen nun mehr über Ihre Wünsche und Vorstellungen, aber auch über die Ihres Partners. In diesem Kapitel werden die einzelnen Tierkreiszeichen in Kombination vorgestellt. Wie die Harmonie nun zwischen Ihnen und Ihrem Gefährten aussehen kann, lesen Sie hier nach. Natürlich gibt es Paare, die einfach gut zusammenpassen, und wieder andere, die große Spannungen zu überwinden haben. Doch wenn man sich der Probleme bewusst ist, kann man bekanntlich auch besser damit umgehen.

Widder
21. März bis 20. April

Das Liebesgeheimnis

Gibt es hier wirklich Geheimnisse? Direkter und offener geht es doch eigentlich gar nicht! Der stürmische und feurige Widder verbirgt hinter seiner angriffslustigen Fassade tatsächlich nichts anderes als leidenschaftliches Begehren. Ist der Funke erst einmal übergesprungen, entwickelt er einen echten Jagdinstinkt. Versteht man diesen anzuheizen und ihn ein wenig zu locken, gibt es für ihn kein Halten mehr. Doch der Widder ist nicht der Typ, der sich reizen lässt und dann nicht zum Zuge kommt. Wer mit einem Widder spielt, spielt wirklich mit dem Feuer, denn er bekommt, was er will.

Die geheimen Wünsche des Widders sind schnell umschrieben: Er träumt von einem Quickie mit dem Idealpartner. Man sieht sich, verliebt sich und schon passiert „es"! Auch wenn er es niemals zugeben würde: Wenn er heiß ist, wartet er nicht gerne und will am liebsten an Ort und Stelle zur Sache kommen. Ob Parkbank, Autositz oder Flughafenlounge – Hauptsache stürmisch, hart und ein bisschen aggressiv. Versteht sich von selbst, dass da ein aktiver Partner gefragt ist, der sein Feuer zum Lodern bringt, denn schließlich will der Widder Liebe und Sex genießen, zwei Dinge, die bei ihm untrennbar miteinander verbunden sind. Ein Partner, der ihn körperlich nicht reizt, kann vermutlich niemals seine Liebe gewinnen.

Die Widder-Frau

Da steht sie also, wie eine lodernde Fackel, bereit, alle Männerherzen zu verbrennen! Stark und unabhängig geht sie ihren Weg. Widder-

Frauen nehmen es mit dem Rest der Welt auf und brauchen keine Helden an ihrer Seite, oder etwa doch? Leider kommen die Supermänner oft gar nicht dazu, die Widder-Frau zu erobern, denn das erledigt sie schon selbst. Wenn sie einen geeigneten Lustspender ins Auge gefasst hat, dann wird er das bestimmt nicht übersehen. Hier gibt es keine Missverständnisse, denn schließlich hat sie sich etwas in ihren hübschen Kopf gesetzt. Sie kleidet sich in Rot, schickt ihm ihren Slip ins Büro und gibt ihrem Auserwählten Zeit und Ort für das Rendezvous vor. Warum nicht? Eine Widder-Frau ist modern und niemals das Anhängsel von einem Mann. Sie geht ihren Weg und weiß, was sie will, und das vor allem im Bett! Männer ohne Selbstvertrauen gehen ihr deshalb besser aus dem Weg. Schwächlinge findet sie nicht sexy, sie will einen echten Mann, der sich mit ihr messen kann.

VIPs: Bette Davis, Verona Feldbusch, Emma Thompson, Diana Ross, Paloma Picasso, Claudia Cardinale

Der Widder-Mann

Gebrochene Herzen pflastern seinen Weg, denn er ist ein echter Macho! Hier gibt es kein Pardon – wenn seine Leidenschaft erloschen ist, dann zieht er weiter. Leider ist er nun mal kein Dauerbrenner, sondern der Typ für das totale Strohfeuer. In jungen Jahren hat ein Widder-Mann in der Regel ein wirklich ungeheuer bewegtes Liebesleben. Sein sportlicher und dynamischer Stil kommt einfach gut an. Jede Frau hat bei ihm das Gefühl, einen Mann der Tat an ihrer Seite zu haben. Er redet nicht um den heißen Brei herum und fragt die Angebetete schon beim Kennenlernen nach ihrer Lieblingsstellung. Warum denn auch nicht? Er will nichts andeuten, er geht den direkten Weg. Zielstrebig, wie er ist, hat er bald seine Hand auf ihrem Knie oder gar in ihrer Bluse. Also Vorsicht, der Widder-Mann ist nichts für schwache Nerven!

Doch hinter seinem rauhbeinigen Charme verbirgt sich manchmal ein großes Kind. So wie das Kind ein schönes Spielzeug sofort haben möchte, will auch der Widder-Mann seinen Begehrlichkeiten sofort nachgeben. Er ist ungeduldig und kann nicht verstehen, dass ihn eine schöne Frau warten lässt. So fällt er schon mal mit der Tür ins Haus. Seine Lieblingsvorstellung ist es, in einem Mädchenpensionat eingeschlossen zu werden, so wie der Fuchs im Hühnerstall seine Befriedigung findet.

VIPs: Alec Baldwin, Marlon Brando, Heiner Lauterbach, Bernd Eichinger, Gregory Peck, Terence Hill

Erogene Zonen

Widder stehen ständig unter Starkstrom und suchen leidenschaftlichen Sex mit einer kämpferischen Note. Oft klappt es bei ihnen besonders gut, wenn sie sich mit ihrem Partner vorher richtig gestritten haben. So in Spannung, ist ihr Körper gerade richtig empfänglich für Reize der besonderen Art. Ihre erogenen Zonen sind der Kopf und die Ohren. Sie lieben es, wenn man ihre Ohren liebkost, ganz gleich, ob mit der Zunge oder den Händen, es jagt ihnen wahre Schauer über den Rücken. Auch eine leichte Massage des Hinterkopfes kann sehr anregend wirken. Widder sind außerdem Spezialisten in Sachen Küssen. Tiefe, fordernde Küsse bringen sie manchmal schon so in Fahrt, dass das Liebesspiel selbst gar nicht mehr so ausgedehnt werden muss.

Das erste Rendezvous

Sollten Sie zu den ewigen Pessimisten gehören, vergessen Sie es lieber gleich. Einen Widder müssen Sie im Sturm erobern, denn er will fühlen, wie das Feuer lodert. Idealer Hintergrund für das erste Treffen ist gemeinsamer Sport wie Wildwasser-Rafting oder eine kleine Expe-

14

dition, wenn's nicht anders geht, eben in den nahe gelegenen Wald. Gefahr und Abenteuer bringen ihn auf Touren, und wenn er in Aktion ist, springt der erotische Funke schneller über. Das Gefühl, mit Ihnen Pferde stehlen zu können, macht ihn einfach an. Besuchen Sie gemeinsam ein Fitnesscenter und tragen Sie einen roten Sportbody. Wenn Sie dann so richtig glühen und das Adrenalin durch Ihre Adern schießt, gehen Sie am besten zusammen unter die Dusche. Wenn Sie keine Angst vor blauen Flecken haben, ist der Widder das Richtige für Sie, denn er sucht in seinem Liebespartner auch einen Sparringspartner. Stacheln Sie ihn ruhig ein wenig an, denn er wird von Mars, dem Kampfplaneten, beherrscht. Der Kampf der Geschlechter ist sein Lieblingsspiel.

Der erotische Traum – die erste Liebesnacht

Wenn Sie's sportlich mögen, dann ist ein Widder der bzw. die Richtige für Sie. Wahrscheinlich hat die erste Begegnung fast schon olympischen Charakter. Vermutlich kennen Sie ihn noch gar nicht so lange, denn längere Wartezeiten hält der Widder für unzumutbar. Wenn sein erotischer Funke übergesprungen ist, dann möchte er möglichst bald zum Zuge kommen. Wenn er Sie zum Abendessen einlädt, dann sollte Ihnen klar sein, dass Sie vermutlich das Dessert sind. Stellen Sie sich am besten darauf ein, dass die erste Liebesnacht schneller da ist als erwartet und Sie deshalb immer vorbereitet sein sollten. Am besten, Sie tragen schon beim ersten Treffen ein vorzeigbares Dessous, denn nicht selten ist das erste Rendezvous zugleich auch die erste Liebesnacht.

Wer die Überrumpelungstaktik nicht mag, sollte sich erst gar nicht in die Nähe eines Widders begeben. Der erste Sex mit einem Widder kommt einer Entladung gleich, wie ein Feuerwerk. Sanfte, zarte Töne sind nicht gefragt und erst nach einigen Begegnungen möglich. In der ersten Sturm-und-Drang-Zeit will der Widder seine Ekstase erleben und die sieht bei ihm eben stürmisch und nicht selten hart aus. Die erste Liebesnacht stellt für ihn die Eroberung dar, das Bett erinnert eher an ein Schlachtfeld denn an eine Liebeslaube. Er verzichtet auf Zeremonien und pathetische Liebeserklärungen, sein Angebot ist direkt und unverblümt. Auf ein ausgedehntes Frühstück am Morgen danach sollten Sie übrigens nicht hoffen. Er geht nach dem großen Erlebnis womöglich noch mitten in der Nacht nach Hause, denn nach gestilltem Appetit möchte er am nächsten Tag wieder fit sein für all die anderen Herausforderungen, die das Leben an ihn stellt.

Frische Impulse für Dauerbeziehungen

Das feurige Temperament eines Widders fordert viel Einsatz und Kampfbereitschaft. Der Widder möchte sich mit seinem Partner immer wieder aufs Neue auseinander setzen und wünscht sich eine heftige Reaktion. In der anfänglichen Verliebtheit ist er an Emotionalität kaum zu überbieten, nach einigen Jahren wird auch er ganz sicher ruhiger. Doch der Widder braucht Ziele und Visionen. Ein Partner, der es nicht versteht, sich mit seinen Vorstellungen zu identifizieren, langweilt ihn oder macht ihn sogar aggressiv.

Wollen Sie einen Widder glücklich machen, dann geben Sie auch einem ganz spontanen Impuls von ihm nach. Reisen Sie kurzerhand mit ihm nach New York, kaufen Sie sofort das neue Auto und lassen Sie ihn ab und zu voranstürmen. Tun Sie alles, was aufregend ist und seinen Adrenalin-Spiegel steigen lässt, aber bremsen Sie ihn nicht und seien Sie nicht negativ.

Der Widder flirtet gerne. Gewöhnen Sie sich daran und flirten auch Sie! Einen attraktiven Partner zu haben, der umschwärmt ist, wird ihm immer wieder gefallen.

Die Traumpartner in Liebe und Sex

Widder – Widder: Hier lodert das Feuer lichterloh, denn an Temperament mangelt es beiden nicht. Bei so viel Impulsivität sind Auseinandersetzungen an der Tagesordnung. In Energie und Charisma ebenbürtig, können sich die beiden Dynamiker aneinander reiben. Sexuelle Rivalität ist jedoch nicht auszuschließen.

Widder – Stier: Der Stier möchte in Ruhe genießen und seine Sinnlichkeit zelebrieren, der Widder braucht keine Rituale. Wenn er in einer sexy Stimmung ist, dann möchte er sofort zur Sache kommen. Doch was macht der Widder, wenn der Stier nicht will? Er wird ungeduldig oder er drosselt sein Tempo. Ob er das auf Dauer durchhält?

Widder – Zwillinge: Hier treffen sich zwei Spielkameraden, die das bunte Treiben und ein intensives Erleben lieben. Doch Vorsicht, ungestümer Widder! Wenn sie lieben, dann lieben sie total, aber der flatterhafte Zwilling ist nicht für feste Absprachen gemacht. Er genießt à la carte und treibt sich gerne herum und das auch ohne den Widder.

Widder – Krebs: Dem lebendigen, funkensprühenden Widder erscheint der romantische Krebs einfach zu weich. Wie will er sich mit ihm messen, wenn er eine heiße Nacht der Leidenschaft auf seine etwas harte Weise braucht und der romantische und etwas konservative Krebs der Aggressivität des Widders lieber aus dem Weg geht?

Widder – Löwe: Das wird die Inszenierung des Jahres! Hier darf es sprühen und leuchten. Die beiden werden ein Feuerwerk an Gefühlen entfachen, als hätten sie den Sex erfunden. Doch es ist nicht einfach, denn sowohl der Widder wie der Löwe sind selbstbezogene Hauptdarsteller. Einer muss cool bleiben, sonst wird die ganze Sache einfach zu heiß.

Widder – Jungfrau: Hat der Widder gerade mal Lust auf eine(n) Intellektuelle(n), dann ist ihm die Jungfrau gerade recht. Die hat diesem erotischen Bollwerk auch nichts entgegenzusetzen und lässt sich kurzerhand verführen. Doch der Widder braucht mehr als intelligente Gespräche. Er will Action und das ist der Jungfrau auf Dauer doch suspekt.

Widder – Waage: Was will der hitzköpfige Draufgänger mit einer eleganten Lady? Eigentlich nicht viel, denn er wird ihre gepflegte Garderobe garantiert ramponieren. Bevor sie schwach wird, hat er sich schon unmöglich gemacht. Vielleicht macht das gerade die gegenseitige Anziehungskraft aus.

Widder – Skorpion: Zwei Kämpfer der besonderen Art! Hier ist jedoch mehr Schmerz als Glück zu erwarten. Gleichermaßen stolz und leidenschaftlich, konkurrieren die beiden eher, anstatt in zärtlicher Harmonie zu verschmelzen. In einer sadomasochistischen Beziehung allerdings könnten die beiden die totale Erfüllung finden.

Widder – Schütze: Wenn die beiden gemeinsam an einem Strang ziehen, können sie ein abwechslungsreiches und abenteuerliches Leben miteinander führen. Zwei, die sich ergänzen – im Alltag, beim leidenschaftlichen Sex, aber auch in ruhigen Stunden vor dem knisternden Kamin in der gemeinsamen Berghütte.

Widder – Steinbock: Der Widder schätzt den Ehrgeiz des Steinbocks, denn der möchte dem Widder ein luxuriöses Leben bieten. Doch wenn der Steinbock immer nur an die Karriere denkt, fühlt sich der heißblütige Widder vernachlässigt. Darüber kann auch das potente Standvermögen des Steinbocks nicht hinwegtäuschen.

Widder – Wassermann: Gemeinsam lassen sie alle verblassen. Sie sind das originellste Pärchen aller Zeiten. Witziger und unkonventioneller geht es gar nicht. Auch das Sexleben kann sich sehen lassen, denn schließlich lieben sie beide die Spannung ungewöhnlicher Schauplätze. Das Bett ist nur zum Schlafen da.

Widder – Fische: Was für ein Kontrast – der sensible und geheimnisvolle Fisch und der offene und robuste Widder. Doch gerade das kann eine tolle Ergänzung sein, wenn sich Zärtlichkeit und Kraft miteinander vereinen lassen. Der Widder reißt den Fisch aus seiner Traumwelt, spätestens dann, wenn er die Hüllen fallen lässt.

Stier
21. April bis 20. Mai

Das Liebesgeheimnis

Sinnlich durch und durch ist der Stier. Genuss pur, lautet seine Devise, doch immer mit der Ruhe. Zeit und Ort zur Erfüllung all seiner Träume bestimmt er schon selbst, denn *sein* Rhythmus ist der entscheidende. Ein weiteres Geheimnis ist seine Liebe zu echter Natürlichkeit. Was zu künstlich und unrealistisch wirkt, interessiert ihn nicht. Das gilt ebenso für seine Vorlieben beim Essen wie für seine Liebespartner. Er träumt von einem köstlichen Liebesmahl, das dem Körper genügend Energie für die Liebe verleiht, wie ein Aphrodisiakum wirkt, aber ihn nicht beschwert. Die Krönung des Genusses ist dann die bevorstehende Liebesnacht, in der er sich ganz und gar schimmernder, seidiger und duftender Haut hingeben möchte. Der Stier will berühren, riechen, schmecken und sehen, eben mit allen Sinnen genießen. Seine Kraft möchte er weitergeben, ohne zu diskutieren und zu hinterfragen. Liebe muss für ihn sinnlich erfahrbare Freude sein. So drückt er auch seine Gefühle mit körperlicher Nähe aus. Doch er möchte die Liebe dauerhaft machen, sie soll sich seinem Lebensgefühl anpassen und zu einer gewohnten Selbstverständlichkeit werden. Die bewährte Liebe, die ihm ganz und gar gehört, ist sein eigentliches Geheimnis.

Die Stier-Frau

Was für eine herrlich weibliche Frau! Es mangelt ihr nicht an Kurven und schönen Augen. Und wie sie sich bewegt! Schon ihr Anblick ist ein Genuss, denn sie versteht es, sich zu kleiden und ihre Vorzüge zu unterstreichen. Selbst im sportlichen Outfit macht sie eine gute Figur und hat trotz ihrer erotischen Präsenz noch die Ausstrahlung eines guten Kameraden. In Sachen Liebe und Sex ist sie sehr anspruchsvoll, denn sie steht auf männliche Typen mit Figur und breiten Schultern. Zartbesaitete Intellektuelle kommen ihr nicht ins Bett. Für sie zählt das, was sie sieht und berühren kann. Natürlich und offen, wie sie ist, präsentiert sie sich gerne nackt, denn schließlich ist es doch naturgegeben, einen schönen Körper und sexuelle Bedürfnisse zu haben. Auch wenn sie eine solide Fassade hat, hat die Stier-Frau erotische Phantasien. Warum denn immer nur eingleisig fahren? Ihre Kraft und ihre Ausstrahlung reichen schließlich für mehrere Liebschaften gleichzeitig aus.

VIPs: Senta Berger, Michelle Pfeiffer, Glenn Close, Cher, Barbara Streisand

Der Stier-Mann

Er ruht in sich, stark und kraftvoll, eben ein ganzer Kerl. Er ist kein Typ für Jungmädchenträume, sondern für Frauen gemacht, die es handfest mögen. Er ist ganz und gar naturbelassen und braucht keine komplizierten Beziehungen mit kapriziösen Damen. Frauen, die einen Mann zum Diskutieren suchen, sind bei ihm einfach an der falschen Adresse. Wer ständig Abwechslung braucht und öfter mal was Neues ausprobieren möchte, ist hier ebenfalls fehl am Platz. Er setzt sich für seine Frau und seine Familie ein, er ist loyal und arbeitsam, liebt gutes Essen und noch besseren Sex. Sticheln und zanken sollte man besser woanders. Nervöse und unbefriedigte Frauen setzt er kurzerhand vor die Türe, denn er will ein gemütliches Zuhause mit einer sexy Frau, die ruhig ein wenig zu rund als zu dünn sein darf. Schließlich braucht er etwas in seinen Händen. Mit Mogelpackungen oder Push-up-Büstenhaltern sollte man ihm nichts vorzumachen versuchen. Er will nicht in Plastik oder Schaumstoff greifen, sondern in echte Pfunde. Ein üppiger Busen und zarte, schimmernde Haut, gesalbt mit einem intensiven Parfüm mit dezenter Note, sind für ihn noch immer die besten Scharfmacher.

VIPs: Jack Nicholson, Tony Blair, Dennis Hopper, Thomas Gottschalk, Helmut Thoma

Erogene Zonen

Die sinnlichen Stiere besitzen die Fähigkeit, sich beim Genießen Zeit zu lassen. Hektik ist für sie ein echter Erotikkiller, deshalb brauchen sie einen geduldigen und anschmiegsamen Partner. Sind sie erst richtig in Stimmung, kann sich praktisch ihr ganzer Körper in eine erogene Zone verwandeln. Aber am wirkungsvollsten ist es, wenn Sie Hals und Nacken Ihres Stier-Partners streicheln. Auch ist das sinnliche Empfinden von Nase und Mund ausgeprägt. Stiere lassen sich außerdem für ihr Leben gern massieren, am besten mit einem wunderbar duftenden Öl, das ihre Haut noch geschmeidiger macht, als sie ohnehin schon ist. Vom Liebesplaneten Venus beherrscht, geben sie sich völlig natürlich und haben auch keine Scheu, ihren meist wohl proportionierten Körper unverhüllt zu präsentieren.

Das erste Rendezvous

Haben Sie sich in einen sinnlichen Stier verliebt, so brauchen Sie in erster Linie Geduld. Tief in seinem Inneren ist er sehr konservativ und schätzt eine langsame Annäherung, selbst wenn er auf erotischem Gebiet ein Schnellstarter ist. Große, verführerische Augen, ein schöner Körper und eine sanfte Stimme können einen Stier schon am ersten Abend überzeugen. Wollen Sie ihn heiraten, sollten Sie jedoch eine andere Strategie anwenden. Laden Sie den Stier zu sich nach Hause ein und verbreiten Sie eine wirklich behagliche Atmosphäre. Verwöhnen

Sie ihn mit gutem Essen, exquisitem Wein und ruhiger, vielleicht sogar klassischer Musik im Hintergrund. Haben Sie keine Scheu zu zeigen, dass Sie Essen lieben. Ein gesunder Appetit signalisiert gesunde Gelüste auf anderen Gebieten. Hier können Sie die Phantasie des Stiers anregen. Sprechen Sie auch bei den ersten Treffen nie über Geldprobleme. Eine Eigentumswohnung dürfen, ja müssen Sie erwähnen, genauso wie Ihre tollen Massagekünste. Nach dem letzten Glas sollte der Stier allerdings nach Hause geschickt werden, selbst wenn er sich schon einiger einengender Kleidungsstücke entledigt hat.

Der erotische Traum – die erste Liebesnacht

Haben Sie etwa einen kraftvollen und genießerischen Stier im Auge? Das ist auf erotischer Ebene ein Volltreffer, schließlich ist seine ganze Erscheinung eine Versuchung wert. Man spürt genau, was er zu bieten hat, auch wenn er seine sexuellen Energien nur langsam entfaltet. Natürlich hat auch der Stier seine flüchtigen Abenteuer, doch sein wahrer Stil ist das nicht. Er will sich an einen Partner gewöhnen und bereitet den gemeinsamen Genuss Schritt für Schritt vor.

Lädt er Sie am Wochenende zu einem Abendessen ein und verspricht Ihnen noch ein besonderes Menü, in Kombination mit seinem Lieblingswein, dann können Sie sicher sein, dass es so weit ist. Packen Sie ruhig schon mal die Zahnbürste ein, denn nach gemeinsamen Gaumenfreuden stellt er sich als Krönung des Abends Ihre Verführung vor. In seiner kuscheligen Wohnung werden sich genügend bequeme Möbelstücke befinden, die den Hintergrund für das erotische Treiben bilden können. Flucht hat keinen Zweck, und höchstwahrscheinlich haben Sie nach der ausgedehnten Anwärmphase ohnehin etwas anderes im Sinn. Vielleicht sind Sie sogar überrascht, wie frei und ungeniert er sich Ihnen präsentiert, denn in seinen eigenen vier Wänden fühlt er sich eben am wohlsten. Deshalb wird er die erste Liebesnacht auch kaum außer Haus verbringen. Denn das, was ihm gefällt, möchte er um sich haben und in gewohnter Atmosphäre erleben. Körperliche Bedürfnisse und somit auch der Sex sind für den Stier das Natürlichste der Welt. Nach der ersten gemeinsamen Nacht gibt es ein ausgedehntes Frühstück und danach meist noch einen kleinen Nachschlag in Sachen Körperkommunikation.

Frische Impulse für Dauerbeziehungen

Der Stier ist wie geschaffen für eine dauerhafte Beziehung, ständiger Wechsel ist nicht sein Ding. Mag sein, dass er in der Jugend kein Kostverächter ist, aber irgendwann hat auch er sich seine Hörner abgestoßen. Wenn Sie einen Stier faszinieren wollen, ist es wichtig, dass Sie ein Meister der sinnlichen Genüsse sind. Das heißt: raffinierte Speisen, edle Weine und ab und zu eine kleine Schlemmerfahrt ins Elsass oder in die Toskana.

Gemeinsamer Genuss verbindet, doch sollte dies immer ein leichter sein, denn Stiere neigen zu Körperfülle. Wenn Sie Ihren Stier beweglich und somit offen für alle erotischen Impulse halten wollen, sollten Sie darauf achten, dass er in Maßen und leicht speist, denn das ist sein heimliches Laster. Hetzen Sie Ihren Stier niemals von Termin zu Termin und vermeiden Sie ihm gegenüber Sticheleien, denn permanente Streitgespräche machen ihn überhaupt nicht an, im Gegensatz zum Widder. Pflegen Sie seinen Besitz, denn aller Wahrscheinlichkeit nach hängt er an materiellen Werten, sei es eine kleine Antiquitätensammlung oder das wunderbare, gemeinsame Haus. Doch pflegen Sie auch Ihren Körper – erotische Düfte und eine körperbetonte Kleidung, die eine schöne Haut zur Geltung bringt, ziehen seine Aufmerksamkeit immer wieder an.

Die Traumpartner in Liebe und Sex

Stier – Widder: Der Widder lebt auf der Überholspur, der Stier schätzt ein gemütliches Zuhause und ein geordnetes Leben. Die Lebensträume sind unterschiedlich, und doch finden sich beide ungeheuer attraktiv. Der Stier bewundert die Energie des Widders, der Widder die sinnliche Ausstrahlung des Stiers.

Stier – Stier: Die beiden haben nicht unbedingt Lust zu philosophieren, denn das reale Leben ist es, was sie interessiert. Sie arbeiten Hand in Hand an der Absicherung ihrer Zukunft, nur greifbare Dinge zählen für sie. So brauchen sie auch die körperliche Nähe, die Wärme des anderen, aber auch handfesten Sex. Ein gutes Team.

Stier – Zwillinge: Der Zwilling flirtet für sein Leben gerne, und der Stier möchte einfach nur wissen, woran er ist. Die solide Art des Stiers macht den Zwilling nervös, der es lieber unverbindlich mag. Nehmen Sie sich den Zwilling als Ferienflirt unter südlicher Sonne und suchen Sie sich zum Heiraten einen anderen!

Stier – Krebs: Zwei, die wirklich gut zusammenpassen. Zärtlichkeit und Sinnlichkeit verbinden sich hier in idealer Weise. Dieses Paar lässt sich für die schönen Dinge des Lebens Zeit und genießt sie gemeinsam. Das häusliche Leben und eine sichere Zukunft haben beide groß auf ihr Banner geschrieben.

Stier – Löwe: Eine wirklich heiße Liebesaffäre, denn jeder spürt die Kraft und Erotik des anderen. Zwischen den beiden entzündet sich ein Funke, der sich in einem möglichst nahe gelegenen Bett entladen muss. Das war's dann meistens auch, denn bis auf die Liebe zum Luxus haben sie eigentlich nicht viel miteinander gemein.

Stier – Jungfrau: Hier geht es ganz natürlich zu. Komplikationen überlassen diese beiden anderen. Ohne große Umschweife werden sie sich einig. Die Jungfrau kann sich bei dem Stier einmal so richtig fallen lassen, denn sie spürt, dass er dauerhaft an ihr interessiert ist. Mit jeder weiteren Begegnung wird sie freier und erfreut damit ihren genussfreudigen Stier.

Stier – Waage: Zwei, die das Savoir-vivre erfunden haben könnten. Doch der eine liebt bodenständige Genüsse, während der andere auf verfeinerte Eleganz steht. Wahrscheinlich findet man sich nicht einmal attraktiv, denn die kosmischen Berührungspunkte sind einfach zu neutral.

Stier – Skorpion: Der Stier erscheint dem geheimnisumwitterten Skorpion einfach zu transparent. Vielleicht erfreut er sich ganz vordergründig an dem schönen Körper des Stiers mit all den Kurven oder Muskeln am richtigen Platz. Sexy kann das Ganze allerdings schon werden.

Stier – Schütze: Was macht der Naturbursche mit einem Freibeuter? Sie teilen sportliche Interessen, gehen zum Segeln, machen lange Spaziergänge und landen vielleicht auch mal miteinander im Heu. Warum nicht, denn frei und ungezwungen sind beide. Das gemeinsame Haus in der Toskana könnte eine Basis sein, doch ob das genügt?

Stier – Steinbock: Sie mögen sich sofort, auch wenn sie sich Zeit lassen, sich gegenseitig kennen zu lernen. Die Interessenlage ist sehr ähnlich, wobei der Stier sicher der sinnenfrohere Typ ist und dem Steinbock ein paar faszinierende Lockerungsübungen zeigen kann. Einmal entflammt, wird der Steinbock erstaunlich viel Hingabe beweisen.

Stier – Wassermann: Der Wassermann hält den Stier in Atem. Er schlägt Haken und bringt den friedlichen Bullen aus dem Trott. Jetzt laufen die Uhren anders, er macht die Nacht zum Tag und stiftet Verwirrung. Schön daran ist, dass es dem Stier nie mehr langweilig sein wird, aber mit seiner geliebten Ruhe ist es vorbei.

Stier – Fische: Stille Wasser sind bekanntlich tief, doch der Stier hat die Geduld, den Fisch aus seiner Reserve zu locken. Er bietet außerdem eine starke Schulter, die der Fisch immer gut gebrauchen kann. Die Intuition des Fisches verhilft dem Stier zu einer völlig neuen Sicht vieler Dinge, und zusammen vereinen sie Sensibilität und Kraft.

Zwillinge
21. Mai bis 21. Juni

Das Liebesgeheimnis

Das Liebesgeheimnis dieses Zeichens zu entschlüsseln bedarf doch einiger Virtuosität. So mancher Zwilling hat neben dem Partner – natürlich ohne dass der es weiß – noch einen Zweitpartner. Tatsächlich haben viele Zwillinge so ein Geheimnis, welches ganz einfach für den Wunsch nach Vielseitigkeit steht. Der Zwilling kann sich nur dann auf einen Partner einlassen, wenn er weiß, dass ihn die Liebe nicht zum Stillsitzen, Verharren und Stagnieren zwingt, weshalb er die „normale Liebe" als einengend empfindet. So ist sein Liebestraum das freie Spiel mit mehreren Partnern bis hin zur Liebesnacht zu dritt. Doch tatsächlich wagt er es selten, seine Träume zu äußern, und so geht er seinen Wünschen dann auf geheime Weise nach, denn er ist neugierig und muss alles erfahren, alles ausprobieren, um es nach kurzer Zeit schon wieder zu vergessen. Seine Spielernatur kann nur ein ebenbürtiger und raffinierter Spieler bändigen, der keine konventionellen Ansprüche stellt. Der Liebestraum des Zwillings ist die Gefährtin zum Pferdestehlen, die sich seinen zwei Gesichtern stellt und niemals böse ist, wenn er einmal alleine zum Spielen geht.

Die Zwillinge-Frau

Was für eine heitere und unabhängige Frau, die mit einem fröhlichen Lachen jeden bezaubert! Sie kommuniziert mit einer solchen Leichtigkeit und verteilt ihre Interessensbekundungen nach allen Seiten. Jemand, der sie anstachelt und neugierig macht, hat viel eher Chancen als ein Typ, der ihr schmachtend zu Füßen liegt. Sie will sich reiben, geistig und körperlich. Verstaubte Beziehungen gibt es bei ihr nicht, neue Impulse zählen und nur zu leicht lässt sie sich von der Stimmung eines Moments faszinieren. Ein anregender Anblick bringt sie auf die richtigen Gedanken – ein hübscher Kerl ist schließlich für die Liebe wie gemacht. Sie flirtet für ihr Leben gern und ist nicht der Typ, der lange wartet, wenn sie ein hübsches Augenpaar erspäht hat. Sie braucht ein Gegenüber, das lebhaft reagiert. Zaudern kann ihr den ganzen Spaß verderben. In Sachen Sex will sie wie ein Kind sein, ohne Vorbehalte und ohne Gedanken an die Konsequenzen. Wenn sie der Rausch erfasst, dann soll es in einer spritzigen Stimmung sein und sich das Objekt der Begierde sofort ergeben. Komplizierte und schwermütige Partner haben bei ihr kaum eine Chance.

VIPs: Liz Hurley, Naomi Campbell, Joan Collins, Isabella Rosselini, Brooke Shields, Steffi Graf

Der Zwillinge-Mann

Er ist ständig in Bewegung und an allen wichtigen Schauplätzen gleichzeitig zugegen. Er weiß, was gerade in ist und wo die hübschesten Mädchen der Stadt anzutreffen sind. Schließlich hat er ein Cabrio und fährt damit sämtliche Flirtmeilen regelmäßig ab. Ihm entgeht kein schmachtender Blick, wenn er „oben ohne" unterwegs ist. Und weil er die Abwechslung so liebt, flirtet er an jeder Ampel mit einer anderen. Zwillinge-Männer sind die Meister des unverbindlichen Flirts. Ihre heitere und schwungvolle Art macht sie sofort sympathisch und lässt auf angenehme Begegnungen hoffen. In jeder fröhlichen Runde ist mindestens ein Zwilling mit dabei. Der ganz große Sexartist ist er allerdings nicht, manchmal reicht es ihm schon, das Gefühl zu haben, er könnte, wenn er nur wollte. Denn das Spiel, die Taktik und die damit verbundenen Möglichkeiten sind für ihn der eigentliche Kick. Das Bett kann warten und ist ihm manchmal sogar zu verbindlich. Er will schließlich nichts versprechen, sondern alle bunten Blumen sehen und sie ein wenig necken.

VIPs: Donald Trump, Johnny Depp, Paul McCartney, Clint Eastwood

Erogene Zonen

Die Abwechslung spielt hier bekanntlich die größte Rolle, und da ihre Neugier besonders groß ist, lieben Zwillinge es, Neues auszuprobieren. Spannung und Unruhe müssen einfach sein. Als Partner dürfen Sie keine Routine aufkommen lassen, sonst zieht der Zwilling schnell weiter. Ein Sexprotz ist er allerdings nicht. Er liebt das Spiel der Verführung, vielleicht sogar mehr als den eigentlichen Akt. Wenn Sie ihn doch vom Gegenteil überzeugen wollen, könnte ein Angriff auf seine speziellen erogenen Zonen erfolgreich sein: Brust, Oberkörper und Arme sollten besonders mit Streicheleinheiten versehen werden. Ein sanftes Massieren der Achselhöhlen wird ihn begeistern. Auch die Finger und Fingerspitzen können bedacht werden. Da für den Zwilling die Kommunikation so wichtig ist, braucht er auch beim Sex Worte, die allerdings ganz schön frivol ausfallen können.

Das erste Rendezvous

Verliebt in einen Zwilling? Da gibt es wirklich nur eins: Machen Sie ihn neugierig! Bieten Sie ihm etwas, was er noch nicht kennt. Bestechen Sie mit sprachlicher Gewandtheit, erzählen Sie von Ihren Reisen und all Ihren vielseitigen Beschäftigungen. Er wird spontan begeistert sein. Doch um ihn tief beeindrucken zu können, müssen Sie zu unkonventionelleren Methoden greifen. Spielen Sie mit ihm und bringen Sie ihn aus der Fassung. Verabreden Sie sich mit ihm in einem japanischen Restaurant und genießen Sie diese leichte und exotische Küche. Danach führen Sie ihn in den besten Nachtclub der Stadt, am besten sogar mit Strip oder einer Live-Show. Der Zwilling ist ein Voyeur und wird dadurch ungeheuer in Stimmung kommen. Doch die echte Überraschung ist, wenn sich dann noch eine dritte Person dazugesellt und sich eingehend um ihn kümmert. Sie bleiben gelassen und beobachten das Treiben. Natürlich müssen Sie das vorher arrangieren und gewissermaßen auch starke Nerven haben. Ihr Zwilling wird allerdings diesen Abend und auch Sie niemals vergessen.

Der erotische Traum – die erste Liebesnacht

Verwickelt ein Zwilling Sie in heitere Gespräche und möchte Ihre Meinung zu den neuesten Trends wissen? Dann merken Sie vielleicht gar nicht, dass er ein Auge auf Sie geworfen hat. Zugegeben, seine gesprächige Art und sein großer Freundeskreis lassen für die schönste Nebensache der Welt kaum Zeit. Ein bisschen unverbindlich ist er schon, der Zwilling, und da er für jeden ein Späßchen parat hat, werden seine kleinen Liebeserklärungen häufig von seinen Auserwählten überhört.

Wahrscheinlich ergibt sich die erste Liebesnacht bei ihm mehr aus Zufall. Er hat vielleicht gerade eine Reifenpanne genau vor Ihrem Haus oder er hat in der Hektik die Schlüssel seiner Wohnung vergessen und muss deshalb bei Ihnen übernachten. Auch wenn er die Dinge ganz raffiniert eingefädelt hat – zugeben würde er das natürlich nicht, denn wer interessiert sich schon für die nackte Wahrheit? Haben Sie den quirligen Zwilling dann in der Wohnung oder in Ihrem Hotelzimmer (nicht selten verliebt sich der Zwilling auf Reisen!), dann kommt er nicht gleich zur Sache. Er mixt erst mal einen Drink, zappt alle Fernsehprogramme durch und ruft vielleicht noch einen Geschäftspartner an. Er braucht eben so viele Eindrücke wie möglich. Wenn Sie ihn haben wollen, müssen Sie ihm jetzt wirklich etwas Neues bieten. Gott sei Dank ist dieser Schmetterling auch nur ein Mensch, und so landen Sie schließlich doch noch im Bett.

Kleine körperliche Defizite gleicht dieser Typ durch Virtuosität aus. Er ist anpassungsfähig und außerordentlich beweglich. Entweder Sie kommen auf den Geschmack oder aber die Unruhe dieser Begegnung macht Sie nervös. Seine Vielseitigkeit ist nicht jedermanns Sache, denn schon in der ersten Nacht möchte er verschiedene Stellungen und allerhand Spielchen ausprobieren. Und er braucht dauernd Abwechslung. Was für die einen das Paradies ist, kann andere schon mal in die Flucht schlagen.

Frische Impulse für Dauerbeziehungen

Man muss einfach wissen, dass Zwillinge an Scheidungen überproportional stark beteiligt sind. Der Zwilling braucht wie kein anderer eine bewegte und abwechslungsreiche Beziehung. Alltägliche Routine und immer wiederkehrende Rituale sind für ihn wahre Liebestöter. Lassen Sie ihm seinen Freiraum und stellen Sie sich besser gleich darauf ein, dass er Nachbars Gärten im Auge behalten wird. Es muss jedoch nicht zum Sündenfall kommen, wenn Sie im Zusammenleben für Abwechslung sorgen. Wechseln Sie regelmäßig Ihr Outfit, Ihren Freundeskreis oder die Schauplätze, denn der Zwilling liebt es, zu reisen. Er möchte alles kennen lernen und steht auf Kurztrips oder Rundreisen. Zwei Wochen am Strand oder im gleichen Hotel bringen ihm nichts, denn nach drei Tagen kennt er die gesamte Umgebung auswendig.

Verraten Sie einem Zwilling niemals alle Ihre Geheimnisse, sondern lassen Sie ihn gelegentlich im Dunkeln tappen. Er möchte neugierig gemacht werden. Wenn Sie einen Zwilling zum Lebensgefährten haben, so sollten Sie sich einen Teil Ihres Junggesellenlebens bewahren, denn das wird ihm immer das Gefühl geben, einen unabhängigen Partner zu haben. Und vergessen Sie nicht, mit ihm zu reden. Heitere Gespräche, gespickt mit Neuigkeiten und Klatsch, werden ihn begeistern.

Die Traumpartner in Liebe und Sex

Zwillinge – Widder: Der energiegeladene Widder gefällt dem flotten Zwilling sofort. Er hat das gewisse Etwas, diese spritzige Art, die der Zwilling so liebt. Der Widder ist schwer zu fassen – eine Rolle, die sonst der Zwilling glänzend spielt. Das fasziniert ihn um so mehr. Und im Bett ist er ein starker und ganz und gar unartiger Partner.

Zwillinge – Stier: Der Stier ist süß und sexy, aber so unglaublich konstant. Er möchte ein gut geordnetes Leben, während der rastlose Zwilling die Improvisation liebt. Die ewigen Flirts des Zwillings sorgen für Ärger, und mit einem aufgestachelten Stier ist nicht zu spaßen. Doch gerade das hat der ruchlose Zwilling mit ihm vor.

Zwillinge – Zwillinge: Das eigene Sonnenzeichen erobert Sie mit Köpfchen und Stil. Auf sexueller Ebene ist er ein einfallsreicher und lebendiger Partner. Das Problem ist: Beide sind so voller Ideen und nervöser Energie, dass zu viel geredet und ständig gezankt wird. Ein Pulverfass, das nicht unbedingt eine befriedigende Lösung darstellt.

Zwillinge – Krebs: Der zärtliche Krebs rührt den Zwilling an und bringt eine Saite in ihm zum Klingen, doch nur für einen Moment. Die intensiven Gefühle des Krebses erschrecken den beweglichen Zwilling, der selbst bei seinen Dauerpartnern erstaunlich cool und unverbindlich bleibt. Und wenn der Zwilling Gefühle vortäuscht, spürt das der Krebs sofort.

Zwillinge – Löwe: Der Löwe versteht es, den Zwilling zu faszinieren und mitzureißen. Er darf deswegen auch mit in das große Lotterbett. Dieses Team kann miteinander gut durch dick und dünn gehen, die ständige Show des Löwen bietet dem Zwilling die gewünschte Abwechslung und deshalb kann er auch auf Flirts verzichten.

Die zwölf Tierkreiszeichen

Zwillinge – Jungfrau: Zwillinge sind immer bereit, einer neuen Versuchung zu folgen, doch das ist der Jungfrau absolut suspekt. Wann wird hier endlich mal Ordnung gemacht? Man kann zwar glänzend miteinander diskutieren, aber ein harmonisches Liebesleben ist nicht zu erwarten. Eine Freundschaft ist okay, mehr aber nicht.

Zwillinge – Waage: Beide bilden den Mittelpunkt der Gesellschaft und lieben es, von Party zu Party unterwegs zu sein. Das bunte Leben der Großstadt oder eines anderen Kulturzentrums zieht sie magisch an. Gemeinsam können Sie sehr erfolgreich sein, ein schillerndes Pärchen, für jedes Spiel zu haben, auch für den Partnerwechsel.

Zwillinge – Skorpion: Der Zwilling ist ein Freigeist, der sich durch die kühle Distanziertheit des Skorpions befremdet fühlt. Doch er ist neugierig und möchte so gerne hinter die Kulissen schauen. Das kann gefährlich werden, denn die Abgründe der mystischen Skorpionseele können sogar den beweglichen Zwilling erschrecken.

Zwillinge – Schütze: Der Zwilling braucht ein rasantes Tempo und natürlich seine Maske, denn sein wahres Gesicht zeigt er nicht einmal, wenn er völlig nackt ist. Dieses Versteckspiel treibt auch der Schütze bis zur Perfektion. Auch er wandelt sich ständig und probiert gerne alle neuen Stellungen aus. Dieser Flirt wird sicherlich weltumspannend sein.

Zwillinge – Steinbock: Der Zwilling redet gern und viel, der Steinbock fast gar nicht. Sollte der Zwilling in dieser Beziehung außer zum Plappern noch für andere Dinge Zeit finden, kann es interessant werden. Der Steinbock ist stur genug, um den Zwilling zu bremsen, wenn es ihm zu viel wird, und ihn realistischer zu stimmen. Ergänzen könnte man sich also gut.

Zwillinge – Wassermann: Verrückte Affären gehören beim Wassermann zur Tagesordnung, und da der Zwilling alles andere als durchschnittlich ist, ergänzen sich die beiden ideal. Wenn sie das Kamasutra gemeinsam durchgespielt haben, werden sie feststellen, dass sie einfach gut zusammenpassen. Voller Ideen und Lebensfreude gehen sie einer bewegten Zukunft entgegen.

Zwillinge – Fische: Raffiniert sind sie beide, und so können sie einem Flirt nicht widerstehen. Der Zwilling wirft nicht sofort die Angel nach dem Fisch aus, das ist gut so, denn schnelle Übergriffe kann er nicht leiden. Selbst nach Jahren der Zweisamkeit lässt jeder dem anderen seinen Freiraum. Eine gute Basis für eine Freundschaft.

Krebs
22. Juni bis 22. Juli

Das Liebesgeheimnis

Romantik, Kerzenschein und Gefühle sind für den zärtlichen Krebs wie gemacht. Wenn er verliebt ist, taucht die Welt in ein wunderbares sanftes Licht und die grausame Zeit der Einsamkeit hat ein Ende. Doch sein Geheimnis liegt tiefer. Sein Bedürfnis nach Liebe ist wirklich sehr groß, für viele Krebse wird sie zum zentralen Lebensthema und dominiert so manche berufliche Entscheidung.

Der Krebs kann sich einem Partner nur dann richtig hingeben, sich fallen lassen und seine körperliche Scheu überwinden, wenn er sich bei diesem wirklich sicher fühlt. Die emotionale Sicherheit, das Geborgensein, ist für ihn Voraussetzung, um zu vertrauen und die Liebe und auch die Freude an der körperlichen Liebe wachsen zu lassen. Natürlich probieren Krebse schon mal einen Quickie aus, doch nicht ohne ein schales Gefühl zurückzubehalten. Sie suchen und brauchen eben die ewige Liebe, die sie aus ihrem Schmollwinkel herausholt und zum Strahlen bringt. Sind sie erst einmal mit einem Partner vertraut, wollen sie auch sexuell experimentieren, doch niemals ohne Gefühl, denn schließlich möchte man verschmelzen und genießen und keine Turnübungen absolvieren.

Die Krebs-Frau

Geboren in der heißesten Zeit des Jahres, spielt auch die menschliche Wärme für diese Frau eine große Rolle. Sie ist manchmal heiß wie ein Vulkan und doch ist sie von Natur aus eher scheu und vorsichtig, was das Thema Liebe betrifft. Ganz anders ist es beim Flirten. Hier zeigt die Lady sogar beängstigende Routine, wenn es um ein viel versprechendes Lächeln geht. Verführerisch ist sie ja, mit diesem verträumten Augenaufschlag, der alle Männerherzen schmelzen lässt. Auf Einsamkeit steht sie definitiv nicht, Romantik in klaren Vollmondnächten und die ersten geflüsterten Liebesschwüre auf Parkbänken gehören schon zu ihrem Repertoire, seit sie ein Teenager war.

Es kommt immer wieder vor, dass die Krebs-Frau von einem Flirt zu viel erwartet, weil sie ihre Gefühle nicht kontrollieren will. Sie kultiviert ihre Emotionen und kann beim Sex nur schwer auf echte Gefühle verzichten. Um richtig heiß zu werden, muss sie einfach verliebt sein. Krebs-Frauen können daher selten zweigleisig fahren und vergeben manchmal herrliche Chancen, weil sie zu Hause auf den Anruf einer bestimmten Person warten. Im Übrigen haben sie eine besondere Schwäche für elegante Erscheinungen. Ausgeflippte Typen machen sie nicht an, sie schätzen ein klassisches Outfit, denn hinter der konservativen Fassade vermuten sie einen berechenbaren Mann. Loyalität ist schließlich für diese Dame das oberste Gebot.

VIPs: Isabelle Adjani, Anne-Sophie Mutter, Gina Lollobrigida, Prinzessin Diana

Der Krebs-Mann

Er ist ein Mann, den die Frauen lieben, denn er ist alles, nur kein Macho. Er schätzt eine selbstständige Frau, auch wenn er sich meist von besonders liebevollen Frauen angezogen fühlt. Er ist ein echter Teddybär, dieser Krebs, man kann mit ihm kuscheln, ihn streicheln und mit ins Bett nehmen. Er ist sogar anpassungsfähig, solange man ihm die absolute Nähe und Zweisamkeit zugesteht.

So mancher Krebs-Mann neigt dazu, seine Partnerin in liebevoller Umarmung zu erdrücken, denn seine Fürsorge entwickelt sich mitunter zu einem Katalog von Vorschriften. Doch so weit muss es nicht kommen. Im Grunde ist er ein großes Kind, das man mit lieben Worten und unendlichen Streicheleinheiten verwöhnen kann. Er kann so herrlich unschuldig blicken, selbst wenn er der größte Schwerenöter aller Zeiten ist, denn anbrennen lässt er niemals etwas. Er hat nun mal eine Schwäche für Frauen und ist auch eigenartigerweise immer von einer ganzen Schar umgeben. So ergibt es sich praktisch von selbst, dass er ihre Probleme versteht und für viele Frauen auch ein echter Freund sein kann. Viele Krebs-Männer fühlen sich in der Gesellschaft von Frauen viel wohler als unter ihresgleichen. Reine Männerrunden sind ihnen in der Regel suspekt. Alles in allem ist der Krebs ein Mann für eine dauerhafte Beziehung, denn er sucht die Geborgenheit und hat keine Angst vor echter Nähe.

VIPs: Alfred Biolek, Tom Cruise, Tom Hanks, Harrison Ford, Sylvester Stallone, Nelson Mandela

Erogene Zonen
Die Zärtlichkeitsfanatiker unter den zwölf Tierkreiszeichen sind eindeutig die Krebse! Kuscheln und Schmusen ist für sie das Schönste. Die Haut reagiert auf jeden Sinnesreiz mit Genuss- und Wollustschauern. Vertrautheit ist jedoch für Krebse sehr wichtig. Der Sex wird immer besser, je länger die Partnerschaft dauert. Ein so genannter One-Night-Stand macht den Krebs nicht wirklich an, denn er braucht etwas Zeit, bis er warm wird. Da nimmt man schon lieber mit dem vertrauten Dauerpartner ein gemeinsames Bad, am besten noch bei gedämpftem Kerzenlicht.

Die erogenen Zonen des Krebses sind die Brustwarzen, an denen Sie ruhig ein wenig knabbern dürfen. Auch mit Küssen und Zungenspiel an den Ohrläppchen können Sie den Krebs in Ekstase versetzen. Ansonsten ist der Krebs erstaunlich konservativ. Die gute alte Missionarsstellung findet er einfach in Ordnung.

Das erste Rendezvous

Erinnern Sie sich noch an die Romane von Hedwig Courths-Mahler? Die Themenkreise Schicksal, Gefühl und Romantik beherrschen auch das Innenleben des Krebses. Das erste Rendezvous sollte in einem gepflegten Restaurant stattfinden, in dem die Atmosphäre zum Händchenhalten animiert. Ein bisschen Champagner lockert ihn auf und wird ihn anregen, mehr aus sich herauszugehen. Lassen Sie den Krebs von sich erzählen – auch wenn er ein guter Zuhörer ist, sollten Sie Zurückhaltung üben. Ein lächelndes und sanftes Gegenüber ist das, was er sich wünscht. Wärmen Sie ihm das Herz, dann können Sie nach dem Essen vielleicht noch bei Mondschein eine gemeinsame Bootsfahrt unternehmen. Ergreifen Sie ruhig die Initiative, wenn Sie das Gefühl haben, dass sich der Krebs nicht richtig traut. Küssen Sie ihn auf die Wange oder streicheln Sie seinen Handrücken. Diese kleinen Signale machen ihn mutig. Wundern Sie sich jedoch nicht, wenn Sie dann ganz und gar vereinnahmt werden und Sie Ihre zuerst schüchterne Begleitung noch zu Bett bringen möchte.

Der erotische Traum – die erste Liebesnacht

Große Kinderaugen und romantische Träumereien sollten Sie nicht darüber hinwegtäuschen, dass so mancher Krebs ein echter Schürzenjäger oder eine Femme fatale ist. Die schüchterne Masche kommt einfach immer gut an, und das hat der niedliche Krebs schon bald heraus. Seien Sie nicht erstaunt, wenn sich der zurückhaltende Krebs bei der ersten Gelegenheit all seiner Kleider entledigt und seine angeblichen Hemmungen wie weggeblasen sind. Die erste Liebes„nacht" findet deshalb vielleicht schon am Nachmittag in seinem Büro statt.

Ist der Krebs jedoch wirklich verliebt, benimmt er sich tatsächlich wie ein kleines Kind. Der oder die Angebetete sollen am besten erraten, wie es um seine Gefühle steht, und ihm dabei helfen, sich zu öffnen. Der kleine Frechdachs ist plötzlich ganz lieb und will nur in der Nähe des geliebten Menschen sein.

Seine ideale Liebesromanze findet natürlich in einer Vollmondnacht am Meer statt. Wenn es gerade nicht anders geht, tun es auch die Kerze im heimischen Windlicht und die Lieblingsmusik im Hintergrund. In solch einer romantischen Atmosphäre entwickelt er tiefe Gefühle und glaubt wieder an das Schicksal, selbst wenn schon einige Kerben seinen Bettrand zieren. Die Liebe ist für ihn das Lebenselixier, und mit der ersten gemeinsamen Nacht beginnt für ihn auch der gemeinsame Lebensweg. Eine neue Liebe ist für ihn auch die Gelegenheit, sich selbst zu regenerieren und sich zu erneuern. Er ist tief beleidigt, wenn Sie bei seinem ersten Anruf nach diesem besonderen Erlebnis gerade keine Zeit für ihn haben, wo er doch innerlich so aufgewühlt ist und es gar nicht erwarten kann, schon bald ein weiteres Rendezvous zu verabreden.

Frische Impulse für Dauerbeziehungen

Hier kommen die zärtlichen Romantiker zum Zuge. Menschen, die keine Gefühle austauschen können, werden einen Krebs nicht glücklich machen. Er ist ein Familienmensch und braucht sein trautes Heim, doch mehr als das braucht er über all die Jahre die romantischen Momente, in denen er einem Partner tief in die Augen blicken kann und ihm dieser verliebte Worte ins Ohr flüstert. Eine schummrige Bar mit Pianomusik, fernab von den täglichen Verpflichtungen, kann ihn in so eine Stimmung versetzen.

Sorgen Sie dafür, dass Sie regelmäßig Zeit nur für sich und Ihren Krebs-Partner haben. Selbst wenn Sie eine Schar von Kindern haben, sollten Sie sie gelegentlich zurücklassen und ganz allein mit Ihrem Liebsten zum Abendessen gehen oder sich auf einen kurzen Städtetrip begeben, am besten natürlich nach Venedig. Die Zweisamkeit in einer typischen Atmosphäre für frisch Verliebte kann ihm auf die Sprünge helfen. Sollten Sie keine Gelegenheit haben zu verreisen, dann vergessen Sie zu Hause nicht das Kerzenlicht am Abend und die sanfte Musik im Hintergrund. Sprechen Sie darüber, wie Sie sich kennen gelernt haben, und sagen Sie ihm, dass Sie ihn immer noch lieben: weniger als morgen, aber mehr als gestern.

Die Traumpartner in Liebe und Sex

Krebs – Widder: Der Krebs ist subtil, ein Typ für sanfte Töne. Er will seinem Angebeteten bei Kerzenlicht schmachtend in die Augen blicken und wagt nur langsam einen Vorstoß. Das erledigt der ungeduldige Widder auf seine gar nicht zimperliche Weise, doch überrumpeln lässt sich der Krebs nur ungern, er besteht auf Gefühl!

Krebs – Stier: Der loyale, friedfertige Stier ist ein echter Schatz für den Krebs. Er kann ihn beruhigen, wenn der rauhe Alltag ihm zusetzt, und unterstützt ihn nicht selten mit praktischem Einsatz. Auch der körperliche Gleichklang funktioniert – die sanfte Verführung und behutsames Erforschen, das verbindet die beiden langfristig.

Krebs – Zwillinge: Der Krebs kann sich mit dem verspielten Zwilling köstlich amüsieren, solange er sein Herz festhält. Man versteht sich in geselliger Runde, beim Ausgehen und auch in manch lauer Sommernacht. Doch bei den ersten Herbststürmen werden beide erkennen, dass sie es nicht so einfach miteinander haben.

Krebs – Krebs: Ein Meer an Gefühlen liegt vor diesen beiden. Es darf geschmachtet und geschwärmt werden. Romantik und Nostalgie werden mit jedem Atemzug aufgesogen. Wenn sie irgendwann einmal aus dem großen Kuschelbett steigen, sollte sich wenigstens einer um die unbezahlten Rechnungen und den leeren Kühlschrank kümmern.

Krebs – Löwe: Sie leben zusammen den großen Liebesroman. Wie Tag und Nacht, Sonne und Mond den totalen Gegensatz bilden, so sind sie doch auch eine Einheit. Zollt der Krebs dem Löwen Bewunderung und zeigt sich der Löwe voller loyaler Gefühle, dann kann es gut gehen. Streicheleinheiten verteilen beide großzügig.

Krebs – Jungfrau: Der Krebs ist von der Intelligenz der Jungfrau beeindruckt. Sie ist gepflegt und nur an echten Beziehungen interessiert. Noch ein Pluspunkt ist: Die beiden können miteinander reden und sich gegenseitig ihre Bedürfnisse schildern. Die Jungfrau nimmt sich Zeit, um den Krebs in Stimmung zu bringen.

Krebs – Waage: Die charmante und einfallsreiche Waage hat viel Sinn für die emotionale Natur des Krebses. Auch auf sexueller Ebene findet man zueinander, denn die freundliche Leichtigkeit der Waage verführt so schnell. Doch was es etwas erschwert: Die Waage lässt sich mit einer Entscheidung Zeit, während der Krebs schon bald eine Bindung wünscht.

Krebs – Skorpion: Das Schicksal ist auf ihrer Seite, wenn sich beide zum ersten Mal in die Augen blicken. Es funkt entweder sofort oder nie! Der Krebs besänftigt auf subtile Weise diesen explosiven Typ und gibt ihm auch im Bett das Gefühl, sich absolut fallen lassen zu können. Hier entsteht ein magisches Band zwischen den beiden, das man nicht rational erklären kann.

Krebs – Schütze: Freiheitsdrang und Abenteuerlust zeichnen den Schützen aus, und das ist nicht gerade, was sich ein Krebs von seinem Dauerpartner wünscht. Selbst eine Beziehung auf kameradschaftlicher Ebene ist erschwert, denn die romantische Seite des Krebses kommt einfach zu kurz, und das wird er auf Dauer nicht akzeptieren.

Krebs – Steinbock: Der Steinbock möchte erfolgreich sein und seine hohen Ziele erreichen. Er wird dabei wenig Zeit haben, auf all die kleinen Stimmungen eines Krebses einzugehen. Sicherheit bietet er wohl an, doch der Krebs braucht mehr: liebevolle Worte, zärtliche Berührungen und das Gefühl der totalen Zusammengehörigkeit.

Krebs – Wassermann: Der Krebs lässt sich von der lebendigen Art des Wassermanns gerne anstecken und probiert auch mal etwas Ungewöhnliches aus. Für eine gewisse Zeit können diese beiden durch dick und dünn gehen und eine spannende Phase miteinander erleben. Doch wenn der Krebs häuslich werden will, zieht der Wassermann weiter.

Krebs – Fische: Hier finden sich zwei Träumer, die so herrlich miteinander schmusen können wie kaum ein anderes Pärchen. Hier geht es wirklich ganz lieb zu, man versteht sich ohne viele Worte und baut sich eine Burg zum Schutz gegen den Rest der Welt. Der Fisch ist ein Genie in Sachen Zärtlichkeit und wird den Krebs total verwöhnen.

Löwe
23. Juli bis 22. August

Das Liebesgeheimnis

Der Löwe liebt die Liebe und sie liebt ihn. Die strahlende Romanze, der große Liebesroman, die Erfüllung aller Sehnsüchte im großzügigen Stil – all das möchte er erleben und sich selbst dabei die Hauptrolle geben. Diese amüsante Bühnenshow sucht ihresgleichen, denn schließlich muss alles schicksalhaft und einmalig sein. Das Geheimnis des Löwen ist ganz einfach, dass er tief in seinem Herzen ein ewiger Teenager bleibt, der das köstliche Gefühl der Liebe zum ersten Mal erlebt. Er ist jedes Mal wieder davon überzeugt, seine große Liebe gefunden zu haben. Daher versteht er es, eine alltägliche Affäre in goldenes Licht zu tauchen und ideal erscheinen zu lassen. Die Art, wie er seine Partner in dieses großartige Gefühl mitreißt, ist einzigartig. Wenn der König liebt, müssen alle die Luft anhalten! Er genießt die Vorstellung, dass der begehrte Partner ihm zu Füßen liegt.

In der Regel braucht ein Löwe lang, bis er begreift, dass die wahre Liebe nicht nur Selbstbestätigung, sondern in vielen Fällen auch Selbstaufgabe bedeutet. In jungen Jahren macht er zu oft den Fehler, sexuelle Anziehungskraft mit Liebe zu verwechseln. Das bringt ihm zwar den Ruf eines großen Liebhabers ein, doch manchmal entdeckt das goldene Löwenherz zu spät, wer von all seinen Verehrer(inne)n echte Gefühle geboten hat.

Die Löwe-Frau

Das Spiel der Verführung und ein bisschen Jagdinstinkt der Raubkatze kombiniert diese feurige Frau zu einer unwiderstehlichen Mischung.

Sie spielt immer gerne mit dem Feuer und ihrer erotischen Wirkung, denn sie muss sich regelmäßig selbst bestätigen, wie begehrenswert sie ist. Wenn sie den Raum betritt, dann vibriert die Luft und alle Augen richten sich auf sie. Ihr geschmeidiger Gang und ihre dunkle Stimme helfen ihr, das ausgewählte Opfer zu betören. Ob sie sich nun in den Star der Theateraufführung oder in ihren neuen Chef verliebt hat – Widerstand ist bei dem Objekt der Begierde völlig zwecklos. Wen sie sich in den Kopf gesetzt hat, den kriegt sie auch. Sie ist von einer starken Erotik erfüllt und braucht die körperliche Liebe wie andere die Luft zum Atmen. Ihre Libido ist enorm und so wird sie im Laufe der Jahre eine Menge Wild erlegen. Doch hinter ihren Allüren als großer Vamp versteckt sich die Hoffnung, von einem ganzen Kerl gezähmt zu werden. Das ist leider ein Kunststück, welches nur wenige beherrschen, denn wer nur ein wenig zu viel mit der Peitsche knallt oder mit Handschellen rasselt, der wird das Biest in ihr erleben. Ihre Schwäche für luxuriöse Dinge kann ihr allerdings zum Verhängnis werden. So manche Löwin ist deshalb schon in einem goldenen Käfig gelandet.

VIPs: Iris Berben, Sandra Bullock, Jackie Kennedy-Onassis, Madonna, Hannelore Elsner

Der Löwe-Mann

Der Star der Saison flirtet nicht mit jedem! Es muss schon etwas Besonderes sein, was ihn von seinem Thron locken könnte. In schöne Augen hat er schließlich schon genug geschaut. Viele Löwe-Männer haben einiges auf dem Kerbholz und in so manchem Revier gewildert, deshalb fehlt vielleicht die Begeisterung. Doch wenn den Superhelden der Blitz trifft, dann gibt es kein Halten mehr, er ist verliebt und alle Welt soll es wissen, denn diesmal ist es die große Liebe.

Der Löwe-Mann unterscheidet sehr wohl zwischen schlichten körperlichen Bedürfnissen und tiefen Gefühlen. Sollte es seinem

Luxuskörper gerade nach seinem Recht zumute sein, kann er schon mal ein Königreich versprechen. Warum auch nicht? Aber am nächsten Morgen sind Hoheit schon wieder recht kühl. Sein heißblütiges Temperament kann schnell in Wallung geraten. Wenn er eine Frau haben möchte, zieht er eine ungeheure Show ab, ganz einfach weil er es immer so gemacht hat und man es schließlich von ihm erwartet. Seinen Ruf als notorischer Schürzenjäger muss er schließlich verteidigen. Doch tief in seinem Inneren spürt auch das goldene Löwenherz, dass es im Laufe der Zeit zur Ruhe kommen möchte. Die Jagd macht schließlich müde. Auch ein stolzer Löwe-Mann braucht einen Dauerpartner, der ihm das Fell krault und dem es nichts ausmacht, ab und zu mit der Peitsche zu knallen, wenn er wieder seine Starallüren hat.

VIPs: Bill Clinton, Mick Jagger, Robert De Niro, Robert Redford, Arnold Schwarzenegger

Erogene Zonen

Natürlich hat sich herumgesprochen, dass man ein Kätzchen zum Schnurren bringt, wenn man es krault. Ausdauernde Streichler und raffinierte Masseure sind hier gefragt. Der Löwe lässt sich gerne verwöhnen und braucht bei der Liebe die totale Aufmerksamkeit. Ein bisschen Show muss auch sein, und so findet manch heiße Begegnung vor dem Spiegel statt.

Die erogenen Zonen des Löwen befinden sich rechts und links entlang der Wirbelsäule. Wenn Sie diesen Bereich richtig durchkneten, wird der Löwe voll in Fahrt kommen und sich als potenter Liebhaber erweisen. Eine besonders sensible Stelle ist auch seine Unterlippe, die Sie unbedingt stimulieren sollten. Der Löwe genießt gern, doch dank seiner Großzügigkeit wird auch er seinen Liebespartner verwöhnen wollen.

Das erste Rendezvous

Bereiten Sie sich auf Ihr erstes Rendezvous mit einem Löwen vor? Dann denken Sie daran, dass es ein großer Auftritt wird. Dramatisch muss es sein, einmalig und natürlich luxuriös. Die Würstchenbude um die Ecke können Sie wirklich vergessen. Das teuerste Restaurant der Stadt ist gerade gut genug. Sorgen Sie bei der Reservierung unbedingt dafür, dass man an Ihrem Tisch das gesamte Lokal überschauen kann. Souveräne Organisation setzt ein Löwe voraus. Der Löwe liebt auch mit den Augen und schätzt das Gefühl, mit dem begehrenswertesten Partner unterwegs zu sein. Unterstreichen Sie also Ihre Vorzüge, wo immer Sie können. Elegante Kleidung und ein bisschen Goldschmuck weiß er sehr zu schätzen. Maßanzug für den Herrn und Kostüm mit hochhackigen Pumps für die Lady.

Um einen Löwen nachhaltig zu fesseln, darf man es ihm nicht leicht machen. Schließlich ist er ein Jäger. Schnelle Beute langweilt ihn. Geben Sie ihm schon am ersten Abend das Gefühl, als wäre die Nacht der Nächte gekommen und Sie hätten Ihr ganzes Leben nur auf ihn gewartet. Doch dann verabschieden Sie sich von ihm vor der Haustür. Natürlich nicht ohne einen leidenschaftlichen Kuss. Ein bisschen Katz-und-Maus-Spiel braucht er. Allerdings dürfen Sie das Feuer nicht zu sehr schüren, denn sonst nimmt er sich ganz einfach, was er braucht. Vielleicht sogar woanders, denn der Löwe hat immer mehrere Eisen im Feuer.

Der erotische Traum – die erste Liebesnacht

Was für eine Inszenierung! Sie werden Teil einer unvergesslichen Show, eines großartigen Auftritts. Wer will da noch nach Las Vegas, wenn Sie hier der König persönlich an seine Heldenbrust oder an das verführerische Dekolleté drückt. Man kann sich seiner Wirkung einfach nicht entziehen, und wenn er sich vorgenommen hat, Sie wirklich zu verführen, dann schafft er das auch. Der Löwe ist großzügig und das Beste für ihn natürlich gerade gut genug. So mag das Vorspiel einem besonderen Arrangement gleichkommen. Bevor Sie die Krönung seiner Wünsche darstellen dürfen, begleiten Sie ihn vielleicht noch in die Oper und danach noch in das beste Restaurant der Stadt. Er wird Sie und sich verwöhnen, doch wenn Sie Kritik an seinem Programm üben, könnte es sein, dass er seinen Plan kurzerhand ändert und Sie erst noch einmal zappeln lässt. Schließlich ist er nicht leicht zu haben. Wenn Sie dann endlich in der Höhle des Löwen gelandet sind, gibt es Champagner und eine leichte Massage. Das kann er gut, denn schließlich will auch er gekrault werden. Doch man wird sehr schnell bemerken, dass er sich nicht hingibt, sondern erobern möchte.

Oft haben Löwen in der ersten Liebesnacht nur die eigenen Ziele im Kopf und können sich, ähnlich wie die Widder, erst nach anfänglichem Liebesrausch auf die wahren Bedürfnisse ihres Partners einstellen. Obwohl sie großzügig sind, denken sie im Bett in erster Linie an sich. Dies gilt im besonderen Maße für die Herren der Schöpfung, den Löwe-Damen geht es in der ersten Nacht eher darum, einen unvergesslichen Eindruck zu hinterlassen. Sie wollen die Beste sein und den Partner beeindrucken. Ihre Mischung aus Diva und Raubkatze kommt jedoch gut an. Ob männliches oder weibliches Exemplar – das Lob für die Leistungen des Löwen sollte niemals fehlen, denn Komplimente sind und bleiben seine Schwachstelle.

Frische Impulse für Dauerbeziehungen

Löwendressur ist eine anstrengende Angelegenheit, und ohne ein paar Blessuren wird sie sicher nicht abgehen. Wenn Sie es geschafft haben, den Löwen schon einige Jahre an Ihrer Seite zu halten, müssen Sie schon etwas Besonderes zu bieten haben. Etwa ein Schloss, ein Hollywood-Studio oder gar ein goldenes Herz? Seien Sie großzügig, schließlich haben Sie ein gar nicht durchschnittliches Wesen an Ihrer

Seite. Doch geben Sie dem Löwen niemals das Gefühl, er hätte Sie total in der Tasche. Er muss einfach seine Krallen schärfen und seinen Jagdinstinkt trainieren. Wenn er meint, in anderen Revieren wildern zu müssen, laufen Sie ihm kurzerhand weg und zahlen Sie es ihm mit gleicher Münze heim, selbst wenn Sie keine Lust dazu haben. Er braucht dieses Theater.

Überhaupt muss er immer das Gefühl haben, Liebe sei eine exklusive Angelegenheit, nur ihm und seinen Auserwählten vorbehalten. Regelmäßige Komplimente und kleine Geschenke verzücken ihn. Selbst im fortgeschrittenen Alter kann sich der Löwe noch wie ein Kind freuen. Er muss wissen, dass man ihn schätzt, und er braucht auch immer wieder Lob für seinen Einsatz.

Auf erotischer Ebene neigen Löwen, die mit einem Dauerpartner gesegnet sind, ausgesprochen zur Bequemlichkeit. Anregende Massagen und teurer Champagner machen den Löwen an und auch bereit für die Liebe. Ein Mensch, der ihn verwöhnt und sich um ihn bemüht, wird immer wieder seine liebevolle Aufmerksamkeit erregen.

Die Traumpartner in Liebe und Sex

Löwe – Widder: Der Widder hat keine Angst vor den Allüren des Löwen, schließlich ist er selbst ein Star! Der Hang zum Glamour ist beiden gegeben, Bescheidenheit kennen sie nicht. Der körperliche Magnetismus ist stark, die gemeinsam verbrachten Nächte sind köstlich. Beide lachen gerne und viel und genießen ihre Lebensfreude. Und sie inspirieren sich gegenseitig.

Löwe – Stier: Der Löwe braucht das Rampenlicht, der Stier ein gemütliches Heim mit einer vollen Speisekammer. Trotz der Gegensätze sind die erotischen Schwingungen groß. Nach der ersten Liebesnacht erwartet der Löwe natürlich eine entsprechende Morgengabe, doch der Stier ist sparsam. Das missfällt dem Löwen.

Löwe – Zwillinge: Ein brillanter und charismatischer Draufgänger wie der Zwilling wird einen Löwen niemals langweilen. Er weiß genau, welche Geschichten der Löwe hören möchte. Und auch dem unwiderstehlichen Lachen folgt der Löwe gerne bis ins Separee. Selbst wenn der Zwilling nicht vor Potenz strotzt, seine Artistik wird den Löwen beeindrucken.

Löwe – Krebs: Der Löwe drückt die sanfte Krabbe an sein großes Herz, wenn ihn diese wieder mit ihren großen Kullereraugen anguckt. Für dieses zarte Wesen will der Löwe kämpfen, denn keiner krault ihn so hingebungsvoll. Doch der Krebs hat auch seinen Dickkopf und gibt nur zu gerne den Ton an.

Löwe – Löwe: Was für eine königliche Angelegenheit, wenn zwei Hoheiten das Lager miteinander teilen. Diese erotische Supernova hält entweder für immer oder gerade mal für ein paar Wochen. Hier wird einfach zu viel Theater gespielt, und das ist anstrengend. Laut und ekstatisch verlaufen die Nächte, doch sind die Gefühle echt?

Löwe – Jungfrau: Die Jungfrau ist intelligent und immer gepflegt, man kann sich mit ihr durchaus sehen lassen. Der Löwe fühlt sich prächtig ergänzt und genießt die guten Manieren seiner Begleiterin. Die Jungfrau hat viel Sinn fürs Detail und wird auch den entlegensten Körperteil des Löwen kennen lernen und bewundern wollen. Das kommt gut an.

Löwe – Waage: Auf kultureller Ebene und im Lebensgenuss ergänzen sich die beiden einfach prächtig. Stil und Eleganz begleiten sie bis ins Bett, doch dann darf es endlich zügellos werden. Beide haben ein umkompliziertes Verhältnis zu ihren Körpern und präsentieren sich ohne Scham. Liebstes Spielzeug im Schlafzimmer: der Spiegel.

Löwe – Skorpion: In einem magischen Moment wird der Skorpion dem Löwen ein Geheimnis verraten. Das Feuer des Löwen verbindet sich mit der Leidenschaft des Skorpions zu einem Rausch der Sinne. Der Skorpion wird den Löwen mit Haut und Haar erfassen und jeden Zoll seines Körpers bewundern wollen.

Löwe – Schütze: Sympathie auf den ersten Blick! Der Hauch des Freibeuters gefällt dem Löwen und lässt ihn genüsslich schnurren, denn er wird sich den Schützen als kleinen Appetithappen gönnen. Doch Vorsicht, die erfolgsverwöhnten Löwen müssen bei Schützen auf sämtliche Ovationen verzichten. Der unabhängige Schütze macht sich nicht zum Hofnarren.

Löwe – Steinbock: Gegenseitige Bewunderung ist meist vorhanden und nicht selten erweckt die coole Distanz des Steinbocks den Jagdinstinkt des Löwen. Nur zu gerne möchte er den durchtrainierten Aufsteiger aus seiner Reserve locken. Es kann gelingen, und dabei werden beide feststellen, dass sie ein schlagkräftiges Team bilden können.

Löwe – Wassermann: Der originelle Wassermann befreit den Löwen aus seinem Korsett der Etikette. Mit ihm entdeckt der Löwe den Sex vollkommen neu, denn alles Konventionelle lässt man hinter sich. So total enthemmt, genießen diese zwei die unterschiedlichsten Liebesspiele. Das tut dem Löwen mal gut, wo er doch zur Bequemlichkeit neigt.

Löwe – Fische: Der Fisch schwimmt gerne in einem Meer von Gefühlen, auch der Löwe schmachtet gern ein wenig, doch will er irgendwann zur Tat schreiten. Aber noch bevor der Löwe seine Krallen geschärft hat, taucht der Fisch schon ab. Ahnt er, dass er den königlichen Anforderungen nicht gewachsen ist?

Jungfrau
23. August bis 22. September

Das Liebesgeheimnis

Hier geht es erstaunlich natürlich und offen zu. Dieses Tierkreiszeichen kann schon recht verwirrend wirken, denn bei einer Jungfrau erwartet man schließlich nicht gerade Offenherzigkeit in Sachen Erotik. Doch tatsächlich gehen Jungfrauen mit ihren Neigungen und sexuellen Vorstellungen recht unkompliziert um, wenn sie mit jemandem ins Bett wollen. Warum auch nicht, schließlich ist es doch das Natürlichste auf der Welt! Das Geheimnis liegt ganz woanders. Die Jungfrau liebt es gepflegt, distinguiert und vor allem intelligent. Primitive und ungepflegte Partner kommen für sie nicht in Frage.

Gefühle entwickelt sie erst dann, wenn der Geist und die Lebenserfahrung ihres Partners brillieren, das erotisiert sie, hier möchte sie sich auch sexuell unterwerfen. Liebe ist für sie aber in gewisser Hinsicht auch Pflicht, den Alltag gemeinsam zu organisieren. Sie ist eine praktische Gefährtin, die kurz nach dem Orgasmus schon wieder an die bevorstehenden Erledigungen denken kann. Und doch ist es ihr Geheimnis, eine treu sorgende und zuverlässige Partnerin zu sein. Für sie gilt vor allen Dingen auch: in guten wie in schlechten Zeiten – was heutzutage nicht mehr sehr verbreitet ist.

Die Jungfrau-Frau

Die eisernen Jungfrauen sind drauf und dran, ihren guten Ruf zu verlieren. Die intelligenten Damen wissen einfach, dass ein gesunder Körper ab und zu sein Recht verlangt, und deshalb haben sie sich in das Flirten verliebt. Nach all den sittsamen Zeiten wollen auch sie sich befreien, doch sie sollten aufpassen, dass es ihnen nicht so in Fleisch und Blut übergeht, dass sie am Ende nicht mehr anders können. Das Spiel mit der Versuchung, am besten noch mit einem intellektuellen Wortgefecht verbunden, ist für die Jungfrau-Frau einfach die schärfste Kombination. Intelligente Typen machen sie an und können sie beachtlich schnell aus der Reserve locken. Es ist immer wieder erstaunlich, wie flott so eine Jungfrau aus ihren Kleidern springt, wenn das Angebot stimmt. Auch bei ihrem nächsten Liebhaber wird sie nichts gegen die Liebe im Heu oder auf ihrem Küchentisch haben. Sie spürt immer mehr, wie wichtig es für sie ist, sich mal richtig auszuleben. Mit jedem Abenteuer steigen auch ihre Attraktivität und ihre körperliche Fitness. Ein eigenartiger Rhythmus, der ihr jedoch Spaß macht.

Beliebtester Ort, um für Herzklopfen zu sorgen, ist allerdings immer noch ihr Arbeitsplatz – und das trotz des Pflichtbewusstseins dieser gut organisierten Lady. Zwischen Computern und Aktenordnern ist sie richtig frech und flirtet mit ihrem Chef genauso wie mit ihren Kollegen. Sie macht keine Unterschiede nach Klassen. Liebe nach Feierabend ist allerdings nicht angesagt, da will sie einen Szenenwechsel und neue Gesichter sehen. Alles zu seiner Zeit, lautet ihre Devise, woran man sehen kann, dass sie doch nicht ohne System leben will.

VIPs: Claudia Schiffer, Jacqueline Bisset, Sabine Christiansen, Greta Garbo

Der Jungfrau-Mann

Dieser Mann ist gepflegt, eine dezente Erscheinung und immer gebildet. Doch er erweckt nie den Eindruck, an einer erotischen Begegnung interessiert zu sein. Sein manchmal aristokratischer Stil kann ganz schön arrogant wirken, denn schließlich ist er über irdische Dinge völlig erhaben. Sex, nein danke. Lassen Sie sich ja nicht von dieser kontrollierten Fassade täuschen, denn dieser Typ hat es faustdick hinter den Ohren. Er ist scharf wie ein Rasiermesser, aber das muss ja nicht jeder wissen.

Viele Jungfrau-Männer sind in heimliche Liebschaften verstrickt, so mancher ist gar der Sklave einer dominanten Lady. Doch wenn er da so in seinem Maßanzug sitzt, vermutet man höchstens den treu sorgenden Familienvater, der er in der Regel auch ist. Eine gewisse Doppelmoral muss man ihm da schon unterstellen, doch er würde sich nie für die Liebe ruinieren. Seine eigentlichen Lebensverhältnisse müssen geordnet sein, zu großen Kompromissen ist er nicht bereit, auch für die heißeste Affäre nicht. Frauen mit Köpfchen und einer flinken Zunge liebt er besonders, denn die haben schließlich mehr zu bieten. Körperliche Merkmale sind es also nicht so sehr, er verliebt sich in die Ausstrahlung einer Partnerin und in ihren Stil. Wenn Sie gut organisieren kann, ihre Rechnungen pünktlich und am besten selbst bezahlt, dann macht er ihr vielleicht sogar ein Eheangebot. Hat er sich einmal für eine Dame entschieden, dann kann man mit seinem totalen Einsatz rechnen.

VIPs: Karl Lagerfeld, David Copperfield, Hugh Grant, Sean Connery, Michael Jackson, Richard Gere

Erogene Zonen

Sie verlieren praktisch nie den Kopf, selbst den raffiniertesten Verführungskünsten können sie widerstehen, die Jungfrauen. Doch wenn ihr Verstand einmal ja gesagt hat, dann planen sie den Genuss und sogar die Lust strategisch. Vor der Liebe wird natürlich geduscht, denn die Jungfrau braucht das Gefühl der absoluten Sauberkeit, um sich in intimen Situationen hingeben zu können.

Jungfrauen lieben es, wenn man ihre Ellenbogen und Kniekehlen massiert, aber auch der Bereich um den Bauchnabel ist sehr sensibel.

Einige Jungfrauen schätzen es auch, wenn man ihr Gesicht mit besonderer Zärtlichkeit bedenkt. Leise Musik im Hintergrund mag ihre sexuellen Phantasien aktivieren, die nicht gerade aufregend sind. Deshalb greifen Jungfrauen gelegentlich auch zu erotischen Filmen oder einschlägiger Literatur, um sich für den Liebesakt zu inspirieren.

Das erste Rendezvous

Hier ist die alte Schule gefragt. Das erste Rendezvous sollte deshalb in einer unverfänglichen Atmosphäre stattfinden. Vielleicht trifft man sich am nachmittag in einem Café, am besten in der Nähe eines Museums. So kann man nach Kaffee und Kuchen noch die Kunst auf sich wirken lassen. Die Jungfrau liebt intelligente Gespräche und Menschen mit Kultur. Trotz aller Gefühle braucht sie bei Partnerschaften den geistigen Austausch. An Sex allein ist sie nicht interessiert. Anzügliche, plumpe Bemerkungen oder gar eine schrille, provozierende Garderobe wirken auf sie abschreckend. Wenn Sie eine Jungfrau erobern wollen, präsentieren Sie sich also ordentlich und schlicht gekleidet. Denn die Jungfrau möchte mit Ihnen nicht unangenehm auffallen müssen. Strapse oder Hemden, die bis zur Brustbehaarung offen sind, sollten Sie sich sparen. Sprechen Sie lieber davon, welche ausgefeilten Entspannungstechniken Sie beherrschen. Das wird die Jungfrau bestimmt interessieren.

Der erotische Traum – die erste Liebesnacht

Sie wollen mit einer Jungfrau ins Bett? Na, dann sollten Sie in erster Linie Köpfchen beweisen und Ihr Waschzeug nicht vergessen. Erst wenn Sie Ihre geistigen Qualitäten bewiesen haben, kommen hier die körperlichen Genüsse ins Spiel. So manche erste Liebesnacht beginnt hier mit einer intensiven Diskussionsrunde, an der noch einige Leute beteiligt sind. Doch wenn Sie das Interesse der Jungfrau wirklich erwecken, hält sie durch, bis kein anderer außer Ihnen mehr da ist.

Normalerweise schätzen Jungfrauen eine vorsichtige Annäherung. Ausgehungertes Übereinanderherfallen ist nicht ihr Ding, genauso wenig wie ein verschwitztes oder ungepflegtes Gegenüber. Gerade an heißen Sommertagen ist die gemeinsame Dusche praktisch die Eröffnung des Liebesspiels.

Ihre Intelligenz setzt sich auch in der Erotik fort, und so weiß sie meist genau, was sie will. Guter Sex gehört bei der Jungfrau praktisch zur Allgemeinbildung. Die Jungfrau lässt sich Zeit für Vorspiele und Vorbereitungen. Nicht nur dass eine schöne Stimmung dazugehört, es muss auch Vorsorge für alle Eventualitäten getroffen werden. Dazu gehören genügend Wein, ein frisch bezogenes Bett und schließlich auch die Brötchen zum Fertigbacken für ein gemeinsames Frühstück.

An ihrem Partner schätzt sie Fingerfertigkeit besonders, denn sie möchte auf Touren kommen. Auch gibt sie sich erstaunlich frei, doch allzu animalische Sexpraktiken sollte man bei ihr unterlassen. Sie hat ihre Grenzen und möchte in einer ersten Begegnung auf gar keinen Fall überfordert werden. Schließlich ist das erste Mal mit einem neuen Partner an sich schon eine sehr aufregende Sache. Für Jungfrauen sind diese Tatsache und ein gut duftender, schöner Körper genug der Stimulanz.

Frische Impulse für Dauerbeziehungen

Kaum ein Tierkreiszeichen akzeptiert das Abflauen der Gefühle in einer langjährigen Partnerschaft so wie die Jungfrau. Sie erfüllt trotzdem ihre Pflicht und verwechselt ihren Partner schon mal mit dem Hausinventar. So weit sollte man es gar nicht erst kommen lassen. Eine Jungfrau braucht einen Partner, der mit ihr kulturelle Interessen teilt und intelligente Gespräche führt. Geistige Übereinstimmung zählt für sie ungemein. Wenn Sie mit einer Jungfrau zusammen sind, dann stimulieren Sie ihren regen Geist. Gehen Sie in eine Ausstellung, ins Theater oder nehmen Sie beide an einem Kurs für Entspannungstechniken teil. Hier können Sie auf unkomplizierte Weise die körperliche Nähe suchen und dies auch zu Hause umsetzen.

Die Jungfrau ist sehr pflichtbewusst und wird viel und lange arbeiten. Mischen Sie sich nicht in ihre Arbeit ein und schimpfen Sie auch nicht über ihren Chef. Ihre Jungfrau weiß schon selbst, was sie tut. Erwarten Sie sie lieber mit einem duftenden Bad und einem Glas trockenen Weins, wenn sie am Abend nach Hause kommt. Bilden Sie sich weiter und sprechen Sie mit ihr über Ihre neuen Erfahrungen oder über einen gesellschaftskritischen Roman eines zeitgenössischen Schriftstellers. Auch wenn Sie das vielleicht langweilig finden – für die Jungfrau ist eine intelligente Atmosphäre immer erotisch und sie wird sich so eher öffnen, auch wenn Sie beide schon lange ein Paar sind.

Die Traumpartner in Liebe und Sex

Jungfrau – Widder: Die Jungfrau liebt das System, der Widder improvisiert spontan. Doch weil man dem Widder keinen Widerstand entgegenbringen kann, lässt die Jungfrau eben doch noch ihre eiserne Rüstung fallen. Vielleicht kommt sie sogar auf den Geschmack, sich am Feuer des Widders zu entzünden und Herzklopfen zu bekommen …

Jungfrau – Stier: Der bodenständige Stier bringt die Jungfrau an die Wurzeln ihrer wahren Bedürfnisse zurück. In seiner Nähe kann sie sich so herrlich gelassen geben und ihre Distanziertheit überwinden. Wenn er für sie kocht, entdeckt sie ihre häusliche Ader, denn ein kuscheliges Zuhause gefällt auch ihr.

Jungfrau – Zwillinge: Beide haben Köpfchen! Der kritische Analytiker und der schnelle Denker können herrlich diskutieren, doch bei so viel Verstand kommt das Gefühl ein wenig zu kurz. Freundschaften gedeihen prächtig, auch die verbale Erotik knistert, doch schon nach der ersten Nacht wissen sie: Das kann es nicht gewesen sein.

Jungfrau – Krebs: Der Krebs weiß intuitiv, was die Jungfrau braucht. Eine gute Massage zur Entspannung, damit sie ihre Pflichten mal vergisst. Er hört gut zu, hat immer einen Rat parat und seine zärtlichen Hände lassen die Jungfrau ihre Vorbehalte vergessen. Mit einem gemeinsamen Bad tauchen beide unbeschwert in die Welt der Erotik ein.

Jungfrau – Löwe: Für den lustvollen Löwen ist die Jungfrau ein delikater Leckerbissen, denn sanfte Zurückhaltung macht ihn besonders an. Doch es ist fraglich, ob sie sein imposantes Auftreten so aufregend findet. Bei egozentrischen Selbstdarstellern sitzt der Keuschheitsgürtel unter Umständen besonders stramm. Daran ändert auch großes Gebrüll nichts.

Jungfrau – Jungfrau: Für was werden sich die beiden entscheiden? Zölibat oder Exzess? Weder noch, denn man einigt sich auf eine Freundschaft. Die sexuelle Spannung ist gleich null und so ist auch der Erotikfaktor hinfällig. Nur auf einer einsamen Insel würde man sich näher kommen, denn praktisch veranlagt sind schließlich beide.

Jungfrau – Waage: Die elegante Waage hat den Stil und den nötigen Sexappeal, um die Jungfrau zu ködern. Doch die ist vorsichtig genug, um sich nicht total zu verlieben. Gut so, denn die ständig sich in Bewegung befindlichen Gefühle der Waage machen die Jungfrau nervös. Trotzdem: Ein bisschen frivol wird diese Begegnung schon werden.

Jungfrau – Skorpion: Wer analysiert hier eigentlich wen? Instinktiv weiß der Skorpion sofort, wie er der Jungfrau eine Gänsehaut verschaffen kann. Er kennt alle Facetten der Verführung und lässt sich von ihrer kühlen Art nicht irritieren. Er weiß genau, dass die Jungfrau, einmal entflammt, zu Wachs in seinen Händen wird.

Jungfrau – Schütze: Die systematische Jungfrau wird allerhand zu tun haben, diesen großzügigen und abenteuerlustigen Typ zu bändigen. Selbst der Schlüssel ihres Keuschheitsgürtels wird ihn nicht davon abbringen, seinen großartigen Visionen hinterherzujagen. Und sie hat keine Lust, ständig bei ihm aufzuräumen.

Jungfrau – Steinbock: Dieser solide Realist sorgt für ein gesichertes Einkommen und ist verlässlich. Was will die Jungfrau mehr? Der Steinbock ist auch zufrieden, wenn sie nicht jeden Abend einen Schleiertanz aufführt, um sein Blut in Wallung zu versetzen. Er weiß schon, wann und wie oft er mit der Jungfrau schlafen will. Stur ist er nun mal, doch die Jungfrau akzeptiert es.

Jungfrau – Wassermann: Der verrückte Wassermann lehrt die Jungfrau, das Leben einfach zu genießen und nicht immer gleich an alle Konsequenzen zu denken. Sofern er sich vor der Liebe duscht, ist das für sie auch in Ordnung, denn auf die Reinlichkeit wird sie nicht verzichten. Schade, denn nicht an allen Orten, die nach Meinung des Wassermanns für die Liebe geeignet sind, gibt es auch eine Dusche.

Jungfrau – Fische: Verstand und Organisation begegnen hier Intuition und Traum. Kein Problem: Die beiden steigen kurzerhand in den Whirlpool, und der Fisch wird der Jungfrau phantastische Lockerungsübungen zeigen. Was ihrem Körper gut tut, nimmt die Jungfrau an und akzeptiert dabei auch, dass der Fisch nach gemeinsamem Genuss wieder abtaucht.

Waage
23. September bis 22. Oktober

Das Liebesgeheimnis

Liebe ist Luxus, Harmonie und Schönheit. Für die Ästheten im Tierkreis liegt das Geheimnis der Liebe in der delikaten Perfektion eines wundervollen Gegenübers. Das Verliebtsein in ein anmutiges Wesen und eine schöne Seele zugleich ist der Traum der Waage-Geborenen. Ihr Geheimnis ist die Liebe mit den Augen. Schöne, ebenmäßige Züge und einen wohlproportionierten Körper schätzen sie wie kaum ein anderes Zeichen im Tierkreis. Sie zelebrieren die Verführung, arrangieren eine stimmungsvolle Atmosphäre, um aus der Liebe fast schon ein Kunstwerk werden zu lassen. Exzesse liegen ihnen nicht und sie haben auch keine extremen Neigungen. Sie haben einfach einen Anspruch an Schönheit. Da die Waage so sehr auf Harmonie bedacht ist, sollten ihre Partner immer um Etikette und ein geschliffenes Auftreten bemüht sein. Ungehobeltes Benehmen und Szenen in der Öffentlichkeit duldet sie nicht, da kann die Liebe schon mal kurzerhand verschwinden. Schließlich ist die echte Liebe mit einem zauberhaften Flair verbunden und nicht mit Aggression.

Charmant, freundlich und gelassen möchte die Waage in eine Vertrautheit mit ihrem Liebespartner gleiten. Liebe bedeutet Verständnis, Besitzansprüche kommen erst sehr viel später, wenn überhaupt.

Die Waage-Frau

Die meisten Waage-Frauen sind wirkliche Schönheiten. Kaum eine, die es nicht hervorragend versteht, ihren Typ optimal zu unterstreichen. Ihr Auftreten ist elegant und doch auch sportlich. Sie ist das

Schmuckstück auf jeder Party oder in der Sammlung eines wohlhabenden Playboys. Die sexy Waage entfacht erotische Phantasien, und es gibt (fast) keinen, der nicht mit ihr eine Affäre haben möchte. Auch kennt sie die interessantesten Leute, findet schnell Kontakt, und das auf allerhöchster Ebene. Mit ihrem natürlichen Charme und ihrem umwerfenden Lächeln könnte sie selbst die Polkappen zum Schmelzen bringen. Abgesehen davon, dass sie eine Meisterin der diskreten Verführung ist und so manches Mal ein Dessous hinter ihren Kleidern hervorblitzt, braucht sie auch einen Partner, der ihren wendigen Geist fordert und wie sie am aktuellen Geschehen interessiert ist. Sie will wissen, was los ist, und immer up to date sein. Langweiler haben bei ihr keine Chance, seien sie auch noch so schön, denn eine Schwäche für schöne Männer hat sie wirklich. Alles, was grob ist, stößt sie ab. Sie will sich ergötzen an einem wohlgeformten Körper, nach Möglichkeit ohne Behaarung.

Dabei wäre es manchmal besser, sie würde bei einem Partner größeren Wert auf seine Stabilität legen, denn sie braucht jemanden, der mit ihren Stimmungsschwankungen und ihren ewigen Entscheidungsschwierigkeiten umgehen kann. Nicht selten zerbrechen die Beziehungen der Waage-Frauen daran, dass sie wieder einmal einem Modeltyp den Vorzug gegeben haben anstatt einem richtigen Mann.

VIPs: Brigitte Bardot, Cathérine Deneuve, Sigourney Weaver, Romy Schneider

Der Waage-Mann

Der umwerfende Charme eines Waage-Mannes kommt einfach immer gut an. Über mangelnde Chancen beim anderen Geschlecht kann er sich wirklich nicht beklagen. Er flirtet einfach zu gerne und weiß manchmal nicht so genau, wo die Grenzen zu ziehen sind. Seine freundliche Art wird von manch einfachem Gemüt schon als Flirt gewertet. Da kann man sich täuschen, ein verschmitztes Lächeln hat bei ihm nicht unbedingt etwas zu bedeuten. Wenn er selbst Lust auf etwas Ernsthafteres hat, dann nur aus einer harmonischen Stimmung heraus, denn ohne seelisches Gleichgewicht im Hintergrund läuft bei ihm nichts. Mit seinem ästhetischen Auge wird er seinen Kennerblick schweifen lassen und sicher viele schöne Dinge entdecken. Doch er ist sehr anspruchsvoll. Ein hübsches Gesicht und einen perfekten Körper setzt er einfach voraus. Stimmt der optische Eindruck, ist der erste Schritt getan. Piepsstimmen und kräftige Dialekte kühlen ihn allerdings sofort wieder auf null ab. Auch auf kapriziöses und unberechenbares Verhalten steht der Waage-Mann nicht. Sein Harmoniebedürfnis ist einfach zu ausgeprägt. Wenn alles stimmt, geht er einen Schritt weiter und verliebt sich.

Doch ähnlich dem Zwillinge-Mann mag auch er ganz besonders das heitere Spiel der Verführung in unverbindlicher Atmosphäre. So hat dieser Don Juan keine Skrupel, mehreren Kandidatinnen gleichzeitig Hoffnung zu machen. Allerdings: Den Kaffee in seiner Wohnung zu vorgerückter Stunde bietet er nur einer an.

VIPs: Michael Douglas, Sting, Luciano Pavarotti, Roger Moore, Ralph Siegel, Patrick Lindner

Erogene Zonen

Ein Hauch von Luxus muss schon sein, wenn sich die Waage-Geborenen in eine erotische Stimmung versetzen wollen. Seidene Bettwäsche, das anregende Parfüm ihres Partners und gekühlter, perlender Champagner sind die besten Voraussetzungen, um die Waage an ihre erogenen Zonen zu erinnern. So richtig in Fahrt kommt sie, wenn Sie ihrem Auge etwas bieten. Zeigen Sie also ruhig einen verführerischen Striptease. Da den Waage-Menschen sexuelle Aggressivität eher fremd ist, lassen sie sich lieber verführen, als dass sie selbst aktiv werden.

Ihre besonders empfindliche Zone ist der Lendenwirbelbereich bis hin zum Steißbein. Eine sanfte Massage dieser Region macht sie an, ebenso zarte Küsse auf den Bauch und etwas weiter abwärts. Der Partner muss Harmonie verströmen. Ungezügeltes oder übermäßig stürmisches Verhalten ernüchtert die Waage nur.

Das erste Rendezvous

Gesellschaftliche Gewandtheit und eine elegante Erscheinung sind optimale Voraussetzungen, um eine Waage beim ersten Treffen zu beeindrucken. Vielleicht gehen Sie auch mit ihr auf eine Party und unterstreichen damit, wie beliebt Sie sind, was für interessante Leute Sie kennen oder wie aufmerksam Sie ihr nachschenken. Das würde ihr auch das Gefühl vermitteln, dass Sie sie nicht einengen wollen. Die Waage schätzt gute Umgangsformen und bemerkt genau, wenn Sie ihr höflich in den Mantel oder aus dem Wagen helfen, ebenso wie Ihre guten oder schlechten Tischmanieren. Gut manikürte Fingernägel, ein raffiniertes Parfüm, aber auch körperbetonte, erotische Kleidung können die Waage stimulieren.

Beim ersten gemeinsamen Essen sollten Sie langsam speisen. Essen Sie genussvoll, als würden Sie einen Striptease machen, und blicken Sie Ihrer Waage dabei tief in die Augen. Das wird sie ganz sicher irritieren und ihr unmissverständlich signalisieren, was Sie von ihr wollen – und das ganz ohne Worte.

Der erotische Traum – die erste Liebesnacht

Flair und Eleganz sind die ständigen Begleiter der vom Planeten Venus betonten Waage. Charme und Ausstrahlung verstehen sich von selbst, und so ist es sicher nicht leicht, die verwöhnte Waage zu einer gemeinsamen Liebesnacht zu überreden. Sie ist anspruchsvoll und hat meist eine Menge Fans, die sich gerne einmal von ihren Vorzügen überzeugen würden. Da sie bekanntlich eine wahre Ästhetin ist, ist man ohne Schönheit und gepflegte Erscheinung bei ihr praktisch chancenlos. Alles hat Stil bei der Waage und so auch die inszenierte Verführung. Zügellose Anwandlungen quittiert die Waage mit schlichter Ablehnung. Ein feingeistiger Lebensstil kombiniert mit raffinierter Erotik macht sie jedoch geneigt.

Die Waage ist keine Kämpfernatur und so macht sie auch nicht den ersten Schritt. Sie sendet zwar einladende Signale aus, doch wirklich aktiv muss der bzw. die andere werden. Dies gilt auch für den ersten gemeinsamen Sex. Man muss sie locken und darf ruhig ein wenig führen. Optische Effekte können bei Waagen manchmal Wunder wirken. Das langsame Entblättern vor einem Spiegel, natürlich bei gedämpftem Licht, genießt die Waage mit Ihnen zusammen und sie verliert so sehr schnell ihre Scheu. Flüstern Sie noch zärtliche Worte in ihre Ohren und berühren Sie sie sanft, dann schmilzt sie dahin und wünscht sich, dass der ersten gemeinsamen Nacht noch viele weitere folgen. Trotzdem will sie nach dem Akt lieber nach Hause, denn ihre innere Harmonie ist leicht gestört, wenn sie am nächsten Morgen nicht in ihrer gewohnten Umgebung ist und ihr perfektes Outfit wieder herstellen kann.

Frische Impulse für Dauerbeziehungen

Der Charme und das freundliche Wesen der Waage machen es einfach, sie zu lieben, und das auch auf Dauer. Doch muss auch *ihr* Interesse am Leben erhalten werden. Die Waage stellt sich ganz und gar auf ihren Partner ein und zeigt eine große Kompromissbereitschaft. Sie versteht es glänzend, sich in den anderen hineinzuversetzen. Wenn man es sich nicht mit ihr verscherzen möchte, darf man nie ihr Bedürfnis nach Harmonie und Frieden vergessen. Sie möchte eine angenehme Atmosphäre, um sich entfalten, und dazu gehören auch ein elegantes Ambiente und ein Partner, der ihrem ästhetischen Auge gefällt. Lockenwickler, abgekaute Fingernägel und Bierbäuche sind ihr ein Dorn im Auge, und deshalb sollte man so etwas tunlichst vermeiden. Natürlich mag sie eine lässige und entspannte Stimmung, aber auch dann kann man adrett aussehen. Ein Partner mit Stil, einem liebevollen Umgangston und einem wachen Geist hat gute Chancen, seine Waage zu behalten.

Wenn Sie einmal in eine Kontroverse mit Ihrer Waage verstrickt sind, versuchen Sie auf jeden Fall, fair zu bleiben. Laute, grobe Gesellen veranlassen sie zur Flucht. Intelligente Argumente und ausgewogene Konzepte werden jedoch immer ihr Interesse finden. Ähnlich wie Löwen sind Waage-Menschen empfänglich für Geschenke. Eine feine Kleinigkeit, sorgsam ausgewählt und stilvoll verpackt, kommt hier gut an, genauso wie die Theaterkarten für den Logenplatz. Lassen Sie Ihre Waage außerdem regelmäßig den Gastgeber spielen. Eine kleine Party oder ein schön arrangiertes Abendessen unter Freunden wird sie genießen und dabei aufblühen. Denn trotz der partnerschaftlichen Nähe braucht sie Abwechslung und ein regelmäßiges Gesellschaftsleben.

Die Traumpartner in Liebe und Sex

Waage – Widder: Der Widder ist nicht gerade subtil und sensitiv – Qualitäten, die eine Waage besonders schätzt –, doch er hat andere Vorteile zu bieten. Er ist ein leidenschaftlicher und heißblütiger Liebhaber, der mit seiner guten Laune die manchmal etwas instabile Waage positiv beeinflusst. Ihr Lebensgefühl und ihr Sex können davon nur profitieren.

Waage – Stier: Beide lieben sie mit den Augen, und da gibt es für jeden etwas zu sehen. Die anmutige Waage und der kraftvoll-sinnliche Stier – welche Kombination! Ein schönes Paar, doch haben sie neben der Erotik noch andere gemeinsame Interessen? Nur wenn sie lernen, miteinander zu reden, kann es wirklich halten.

Waage – Zwillinge: Sie lernen sich wahrscheinlich in einer herrlich beschwingten Champagnerlaune kennen. Vollkommen unbeschwert gleiten sie in eine Beziehung. Alles ist so einfach, auch der Sex, denn sie haben einfach nur Spaß. Erotische Fotos könnten ihre Leidenschaft werden, denn diese beiden sind echte Voyeure.

Waage – Krebs: Die liebevolle und aufmerksame Art des Krebses schmeichelt der Waage. Doch so ganz und gar möchte sich die elegante Charmeurin nicht vereinnahmen lassen. Schließlich hat sie noch andere gesellschaftliche Verpflichtungen. Schade, denn ein so aufmerksamer Streichler wird ihr so schnell nicht mehr begegnen.

Waage – Löwe: Dieses Pärchen ist Mittelpunkt jeder „In-Party". Sie ziehen die Blicke auf sich, denn schließlich sind sie sexy und attraktiv. Auch zu Hause zieht die Waage gerne eine Show ab, bevor sie sich dem Löwen unterwirft. Doch der muss sich zügellos geben, denn Einschränkungen akzeptiert die unternehmungslustige Waage in dieser Beziehung schon lange nicht mehr.

Waage – Jungfrau: Das raffinierte Spiel der Liebe beherrscht die Waage gekonnt, und da kann auch die sittsame Jungfrau nicht widerstehen. Die Waage ist eine Verführerin und zögert die Vorfreude auf das Eigentliche gekonnt hinaus. Man steigert die Lust, haucht sich zärtliche Worte ins Ohr, da sind alle Sicherheitssysteme der Jungfrau außer Kraft gesetzt.

Waage – Waage: Charme und Eleganz verbinden sich hier zur Perfektion. Das Vorspiel betreiben diese beiden ausgedehnt und suchen in allem die echte Harmonie. Sie ergänzen sich prima, doch da beide so ungeheuer sexy sind, tauchen immer wieder neue Bewerber(innen) auf, die den Frieden stören könnten. Also: konsequent bleiben.

Waage – Skorpion: Dieser aufregende Typ mit den magischen Augen geht der Waage nicht mehr aus dem Kopf. Sie will nur noch eins: ihn endlich verführen! Doch er ist keine Spielernatur und neigt dazu, außerordentlich eifersüchtig zu sein. Waage-Geborene haben viele kleine Flirts, deshalb sollten sie besser gleich fliehen, bevor der Skorpion seinen Stachel ansetzt.

Waage – Schütze: Die Waage erfreut sich am Witz und der Unabhängigkeit des Schützen. Eine erfrischende Begegnung, die jedoch an einer gewissen Oberflächlichkeit leidet. Der Schütze ist der Liebhaber für eine Saison, der der Waage dabei hilft, ein wenig freier und sportlicher zu werden. Doch ewig steht sie nicht auf Liebe unter freiem Himmel.

Waage – Steinbock: Wird der konservative Steinbock die feinen Töne der Waage überhaupt wahrnehmen? Oh doch, er hat ein Auge für alles Schöne, auch wenn er selbst kein Künstler ist. Er wird sich in eine Affäre mit der musengeküssten Waage stürzen und seinen leeren Dynamo aufladen. Danach geht er gestärkt ins Büro. Das findet die Waage einfach unfair.

Waage – Wassermann: Alles Ungewöhnliche fasziniert den Wassermann, und so lässt er sich von der kühlen Eleganz dieses Typs betören. Die Seide auf ihrer Haut, das edle Parfüm faszinieren diesen Freigeist. Er will die Waage seinerseits beeindrucken und glänzt mit raffinierten sexuellen Praktiken. Ein ungewöhnliches Pärchen!

Waage – Fische: Die Waage ist offen, freundlich und kommunikativ, der Fisch zurückhaltend und geheimnisumwittert. Vielleicht reizt es die Waage, den schüchternen Fisch zu entblättern. Was für ein Wunder, denn er präsentiert sich lasterhaft. Die gemeinsame Ekstase ist garantiert, doch der Alltag wirft einige Fragen auf.

Skorpion
23. Oktober bis 21. November

Das Liebesgeheimnis

Dieser Typ ist ein einziges Liebesgeheimnis. Den Skorpion zu ergründen kann eine Lebensaufgabe sein, denn er ist hoch kompliziert und doch ganz einfach strukturiert. Liebe ist für ihn eine mystische Angelegenheit, sein Gefühl geht so weit, dass er sich sicher ist, mit dem geliebten Objekt auch über den Tod hinaus verbunden zu sein. Er möchte die Liebe mit jeder Faser seines Körpers erfassen und auch im Sex die totale Leidenschaft und Ekstase erleben. Der Skorpion verlässt sich auf seinen Instinkt und seinen ersten Eindruck, und so verliebt er sich nicht auf den zweiten Blick, sondern immer auf den ersten. Sein Geheimnis ist es, den Partner mit Haut und Haaren erfassen und ergründen zu wollen. Auch die Seele des Partners ist nicht vor ihm sicher, er will wissen, was im tiefsten Inneren seines bzw. seiner Liebsten vorgeht. Auch wenn er die totale Nähe erreicht, wird er trotzdem das Gefühl haben, es sei noch etwas dahinter. Liefert man sich einem Skorpion aus, kann es wirklich gefährlich werden. Er verlangt immer wieder Liebesbeweise, die manchmal auch extrem sein können. Zu Geduld und Verständnis muss er sich durchringen. Er deutet die Unentschlossenheit seines Partners schon als Liebesentzug. Skorpione sind auch berüchtigt für ihre Eifersucht.

Die Skorpion-Frau

Sie ist kühl und beherrscht und doch brodeln in ihr die Emotionen. Ihre Ausstrahlung ist immer besonders, sie ist ein eigenwilliger Typ. Skorpion-Frauen verstehen es glänzend, die geheimnisvolle Schöne zu spielen und bei ihrem Objekt der Begierde für schlaflose Nächte zu sorgen. Die Rolle des unterwürfigen Weibchens kennen sie nicht, sie wollen sich selbst ihre Liebhaber aussuchen. Mit ihrem gnadenlosen Röntgenblick wissen sie genau, welcher Mann für welche Spielart geeignet ist. Die Begegnung mit einer leidenschaftlichen Skorpion-Frau ist immer unvergesslich, auch wenn es sich nur um eine Nacht handelt.

Doch wehe dem Mann, den sie wirklich liebt. Da sie ihn minutiös und misstrauisch beobachtet, ist es nur eine Frage der Zeit, bis er den ersten Fehler macht – und dann gnade ihm Gott. Sie wird ihn quälen und ihn leiden lassen, denn schließlich ist Rache ein Mittel zum Zweck. Doch nicht alle Skorpion-Frauen tun es der Gottesanbeterin gleich, die nach dem Liebesakt ihren Partner genüsslich verspeist. Es gibt auch sehr gütige und warmherzige Skorpion-Frauen, die sich für einen Partner total einsetzen, vorausgesetzt, er ist ein loyaler und zuverlässiger Mann. Doch irgendwie ahnt man immer, dass es besser ist, eine Skorpion-Frau nicht zu reizen. Sie ist eben eine starke Frau, die ihresgleichen sucht – eine Individualistin mit einer schillernden und subtilen Erotik.

VIPs: Demi Moore, Sonja Kirchberger, Vanessa Mae, Jodie Foster, Meg Ryan, Julia Roberts

Der Skorpion-Mann

Dieser Mann ist wahrscheinlich die größte Herausforderung aller Zeiten. Seine Flirtpalette ist die umfangreichste überhaupt. Eiskalter Engel, Poltergeist, aber auch aufopfernder Geistlicher, das sind seine liebsten Rollen. Kein Wunder, dass das Flirten mit ihm nicht leicht fällt. Man überlegt sich zweimal, ob man sich an den Rand des Vulkankraters begeben möchte, denn jeder Skorpion-Mann schafft diese schicksalhafte Atmosphäre um sich. Für einen unverbindlichen Flirt ist das viel zu starker Tobak. Dennoch gibt es genügend Anwärterinnen, die sich mal wieder den echten Kick verschaffen wollen und von ihm nicht die Finger lassen können. Warnungen gab es schließlich genug, und wer nicht hören will, muss fühlen.

Doch man darf auch die andere Seite der Medaille nicht außer Acht lassen: Wer bis jetzt noch nie mit einem Skorpion geflirtet hat, geschweige denn noch keinen im Bett hatte, weiß nicht, was Sex und Leidenschaft tatsächlich bedeuten. Zugegeben, Verbotenes reizt diese Männer am meisten, deshalb haben sie meist einen ungeheuren Andrang an potenziellen Bettgefährtinnen. Ihr magischer Blick geht auch erfahrenen Damen durch Mark und Bein und macht Gleitcremes und Stimulanzien überflüssig. Wenn der Skorpion-Mann es selbst schafft, seine alten Lieben endlich zu vergessen und nicht an der Vergangenheit zu hängen, kann auch er eine Beziehung voller Lust und Erfüllung erleben. Nur verzichtet er so ungern auf seine hintergründige Denkweise. Doch nicht jede Begegnung im Leben hat eine tiefere Bedeutung.

VIPs: Leonardo di Caprio, Alain Delon, Eros Ramazotti, Prinz Charles, Boris Becker

Erogene Zonen

Skorpione erahnen instinktiv, wo die erogenen Zonen ihres aktuellen Partners liegen, doch aus ihren eigenen Vorlieben machen sie ein Geheimnis. Der Partner muss schließlich spüren, was sie wollen. Einfallslose Gefährten werden deshalb schnell ausgemustert. Wer den Zauber der Erotik kennt, kann mit ihnen die totale Verschmelzung erleben.

Die erogenen Zonen des Skorpions sind die Pobacken bis hin zur Analregion und dem Damm. Sie lieben es, hier berührt zu werden. Skorpione schätzen aktive Partner und wollen im Bett Gleichberechtigung. Klassische Positionen faszinieren sie deshalb nur kurz. Suchen Sie mit Ihrem Skorpion-Partner das ungewöhnliche Erlebnis! Ein raffiniertes Vorspiel, kombiniert mit ausgewählten Praktiken, lässt ihn völlig aus sich herausgehen. Es soll auch einige Skorpione geben, die ein bisschen masochistisch sind, denn Schmerz und Lust liegen hier nahe beieinander.

Das erste Rendezvous

Geheimnisvolle und schicksalhafte Schwingungen liegen in der Luft, wenn Sie sich das erste Mal mit einem Skorpion verabreden. Ein geeigneter Schauplatz, um große Gefühle und Leidenschaft zu provozieren, könnte die Oper sein. Gehen Sie doch mit ihm in „Carmen". Die Verbindung von Liebe, Schmerz und Tod tut beim Skorpion ihre Wirkung, egal, ob Sie mit ihm nur ganz einfach ins Bett wollen oder ob Sie schon das Monogramm auf Ihrer Wäsche ändern.

Leicht verdauliche Kost ist er niemals und möchte es auch nicht sein. Suchen Sie das Gefühl der absoluten Vertrautheit und fragen Sie ihn folgenden Satz: „Verraten Sie mir ein Geheimnis, Sie sehen aus wie jemand, der viele hat." Ganz sicher wenden Sie somit die Konversation in die richtige Richtung und vermitteln ihm das Gefühl, dass Sie sich wirklich für ihn interessieren. Berühren Sie sich selbst, an den Wangen, am Hals, an Ihren Oberschenkeln, und fahren Sie sich durchs Haar. Das wird den Wunsch in ihm wecken, Sie zu berühren. Bauen Sie Spannung auf, es muss in der Luft knistern, wenn Sie sich ansehen. Wenn Sie diese Atmosphäre bei Ihrem ersten Treffen erschaffen, brauchen Sie sich um die nächsten Anrufe keine Sorgen zu machen.

Der erotische Traum – die erste Liebesnacht

Bei kaum einem Zeichen wird so stark zwischen Liebe und Sex unterschieden wie beim Skorpion. Auch wenn er sich für undurchschaubar hält, man merkt schnell, ob er es ernst meint oder nur seine Körpersprache zum Zuge kommen lassen will. Auch die erste Liebesnacht kann hier viel verraten. Seine animalischen Züge sind sehr ausgeprägt und so braucht er ab und zu eben was fürs Bett. Und doch ist er recht anspruchsvoll und weiß in kürzester Zeit, was seinen Maßstäben entspricht, auch wenn das Objekt der Begierde nur für eine Nacht ausgewählt wird. Der Skorpion zeigt sich dann hart und fordernd, mit einem Wort: Er nimmt sich, was er will.

Sind seine Gefühle hingegen echt, ist er zart und hingebungsvoll und hat für jede Verzögerung der ersten Begegnung Verständnis. Im Gegenteil, bevor er den Partner mit Haut und Haaren erkundet, möchte er schließlich auch seine Seele kennen lernen. Er ist ein guter Analytiker und weiß genau, was Sie denken, und vielleicht auch, was Sie sich im Bett wünschen. Nichts Menschliches ist ihm fremd, und so stellt sich der Skorpion auch gerne auf seinen Partner ein, allerdings nicht ohne die eigenen Interessen aus dem Auge zu verlieren. Er übernimmt die Führung und nicht selten auch die Verführung. Er will den Zeitpunkt der Verschmelzung bestimmen und daran führt auch kein Weg vorbei.

Die erste Nacht mit einem Skorpion ist niemals eine halbe Sache, seine Leidenschaft sucht ihresgleichen. Diese Erfahrung sollte man sich nicht entgehen lassen. Allerdings setzt sie auch starke Nerven voraus.

Frische Impulse für Dauerbeziehungen

Diesen komplizierten Individualisten dauerhaft an sich zu binden kommt schon einem Kunststück gleich. Ein wichtiger Faktor in der Beziehung mit einem Skorpion sind gemeinsame Kinder. Er fühlt ihnen gegenüber ein großes Verantwortungsgefühl und hält eine Ehe manchmal nur für seine Kinder aufrecht.

Wenn Sie einen Skorpion zu Ihrem Lebensgefährten gewählt haben, dann sind Sie bestimmt ohnehin nicht der Typ für oberflächliche Beziehungen. Sie wissen wahrscheinlich schon längst, dass er einen Absolutheitsanspruch an Sie stellt und von Ihnen erwartet, dass Sie mit niedergesenktem Haupt durch die Menge gehen, denn das Thema Eifersucht kann ein hübsches Problem darstellen. Er mag einfach nicht glauben, dass man wirklich nur ihn allein lieben könnte. Gerade aus diesem Grund ist es so wichtig, sein Vertrauen zu gewinnen und ihm jeden Tag liebevolle Aufmerksamkeit zu widmen. Er muss wissen, dass er sich auf seinen Partner verlassen kann, um auch auf sexueller Ebene ansprechbar zu bleiben. Es ist jedoch nicht gesagt, dass es der Skorpion seinerseits mit der Treue immer so genau nimmt.

Die Traumpartner in Liebe und Sex

Skorpion – Widder: Der Skorpion braucht einen Partner, der instinktiv all seine Bedürfnisse erahnt. Der Widder kann zärtlich sein, doch sein stürmisches Temperament ist nicht dazu angetan, Kleinigkeiten aufmerksam zu registrieren. Auch wenn sich beide sehr sexy und erotisch finden, nach kurzer Zeit schon kühlt das Ganze in der Regel erheblich ab.

Skorpion – Stier: Der beständige, gutmütige Stier kann dem Skorpion den Rücken stärken, doch der Skorpion wird ihn viel zu schnell durchschauen. Er genießt seine sinnliche Energie und seine fürsorgliche Art, und doch sind beide wie Tag und Nacht. Nicht selten ist diese Begegnung für beide eine schmerzliche Erfahrung.

Skorpion – Zwillinge: Beide glänzen mit einer spitzen Zunge und Lust an der ewigen Kritik. Die Wortgefechte werden es in sich haben, doch der Zwilling passt sich an. Er spürt, dass er gegen den Skorpion machtlos ist. Der Zwilling wird seine geheimen Schlupflöcher finden, doch wenn der Skorpion dahinter kommt, setzt er seinen Stachel gnadenlos ein.

Skorpion – Krebs: Ihre Seelenverwandtschaft ist unübersehbar und aus einer anfänglichen Verliebtheit kann schnell eine tiefe Liebe entstehen. Beide sind sehr eifersüchtig und akzeptieren nur eine absolute Beziehung. Sie sind berüchtigt, total ineinander vernarrt zu sein und auf jeder Party gemeinsam im Bad zu verschwinden.

Skorpion – Löwe: Sie fühlen sofort die kosmischen Energien, die in ihnen stecken. Sie ziehen sich unweigerlich an, um sich entweder sofort wieder abzustoßen oder in den kräftigen Strudel des anderen ziehen zu lassen. Eine großartige Begegnung in jeder Hinsicht! Zwei Meister aus unterschiedlichen Welten, und das ist zumindest auf erotischer Ebene ein Geheimtipp.

Skorpion – Jungfrau: Die intelligente Jungfrau spürt sofort, dass der Skorpion eine spezielle Behandlung braucht, deshalb nähert sie sich ihm vorsichtig. Doch seine reichhaltige sexuelle Energie kann ein echter Katalysator für die manchmal etwas prüde Jungfrau sein. Er animiert sie, reißt sie mit und bringt ihre Libido auf Hochtouren.

Skorpion – Waage: Wenn der wildverwegene Skorpion die schöne Waage an sein Bett kettet, wird sie kurz überlegen, ob er tatsächlich der Richtige für sie ist. Doch sein Liebesspiel sucht seinesgleichen und hat tatsächlich eine fesselnde Wirkung. Er hilft ihr dabei, sich für ihn zu entscheiden, denn Unentschlossenheit duldet er nicht.

Skorpion – Skorpion: Finstere Abgründe – oder die totale Verschmelzung. Diese Alles-oder-nichts-Beziehung kennt keine Grenzen. Man ist so von der unerschütterlichen Liebe überzeugt, dass man sich selbst vor dem Schicksal nicht fürchtet. Doch es droht auch ein erbitterter Kampf, sollte einer das Vertrauen des anderen missbrauchen.

Skorpion – Schütze: Der individuelle Lebensstil des Skorpions gefällt auch dem unkonventionellen Schützen. Er fühlt sich von ihm inspiriert und alles andere als eingeengt. Eine körperliche Anziehung besteht, doch die seelische Tiefe dieser Beziehung lässt zu wünschen übrig. Ein Problem, mit dem der Schütze leben kann, jedoch nicht der Skorpion.

Skorpion – Steinbock: Die undurchdringliche Fassade des Steinbocks regt den Skorpion zu allerhand Spekulationan an. Ist es Leidenschaft, Romantik oder Schüchternheit, die sich dahinter verbirgt? Nichts von alledem, der Steinbock ist kühl und der Skorpion so heiß. Trotzdem wird es für beide eine ultimative Liebesaffäre.

Skorpion – Wassermann: Der Wassermann hat eine Schwäche für das Kamasutra, während der Skorpion seiner sinnlichen Intuition vertraut. Was der eine erotisch findet, amüsiert den anderen. Der Skorpion lacht über den Wassermann, der sich das seinerseits natürlich nicht erlauben darf, ohne den Zorn der Götter zu beschwören.

Skorpion – Fische: Der Fisch schwimmt gerne in gefährlichen Gewässern, wenn der magische Skorpion ihn verzaubert hat. Er möchte ihn auf seinen Abwegen begleiten, von der spirituellen Erleuchtung bis hin zum echten Sündenfall. Von einem klerikalen Ambiente sind diese beiden übrigens besonders stimuliert.

Schütze
22. November bis 21. Dezember

Das Liebesgeheimnis

Dieser sportliche Abenteurer ist ein echter Idealist. Er hat eine Menge Spielgefährten, die ihn auf dem Weg zum großen Glück begleiten. Er möchte sich schließlich die Zeit so angenehm wie möglich gestalten. Sein Liebesgeheimnis ist der Traum von der gemeinsamen Freiheit. Er wünscht sich einen Freund, der seine Visionen teilt und das Haus am Meer genauso will wie die durchwachten Nächte, in denen er über seine philosophischen Weltanschauungen doziert. Sein Geheimnis ist die Suche nach dem Gral. Seine große Liebe muss ihm folgen, denn aufhalten lässt er sich nicht. Dabei übersehen Schütze-Geborene nicht selten, dass der Weg der Erleuchtung auch in ein Herz führen kann. Die sexuelle Erfüllung befriedigt sie nur kurz, hat manchmal sogar eine sportliche Note, denn allzu schnell wollen sie sich wieder auf die Reise machen. So mancher Schütze träumt von der wahren Liebe und sucht sie doch am völlig falschen Platz. Gerade in jungen Jahren empfinden viele Schützen eine gewisse Tragik. Schließlich werden sie doch noch weise, bleiben aber auch in späteren Jahren im Herzen jung und ungestüm wie eh und je, am besten mit einem zurückhaltenden Kameraden an ihrer Seite.

Die Schütze-Frau

Kaum eine Frau hat eine so unkomplizierte Einstellung zum Sex wie diese temperamentvolle Dame. Sie gibt ihren Impulsen ungeniert nach, denn sie ist modern, aufgeschlossen und sicher kein Kind von Traurigkeit. Sportlich und natürlich, wie sie ist, sucht sie gerne die

Gesellschaft von Männern, denn sie fühlt sich in ihrer Nähe einfach wohler als bei einem Damenkränzchen. Sie ist ein guter Kumpel und geht zum Fußballspiel genauso gerne mit wie in einen Baumarkt. Und doch kann sie so weiblich und erotisch sein, wenn sie ihre alte Jeans gegen ein tief ausgeschnittenes Kleid tauscht. So mancher ihrer Kegelkumpane hat schon Augen gemacht, wenn sich die Schütze-Frau dieser Metamorphose unterzogen hat. Sie ist also nicht nur ein kameradschaftlicher Typ, sie kann auch herrlich weiblich und verführerisch sein.

Ein wenig abenteuerlich ist sie jedoch veranlagt und hat eine große Schwäche für Männer, die auf Konventionen pfeifen und ein freies Leben führen. Ihr Ideal ist der stürmische Liebhaber, ein Pirat aus einem Mantel-und-Degen-Film. Vielleicht schwärmt sie auch für einen Piloten, der die ganze Welt kennt und ihr so herrlich spannende Geschichten erzählen kann, die er natürlich alle selbst erlebt hat. Der Hauch der großen weiten Welt erotisiert sie und gibt ihr das Gefühl, etwas Besonderes zu sein und zu erleben. Ihr Kindergartenkamerad, der nach zwanzig Jahren immer noch auf eine Verlobung hofft, sollte seinen Ring besser einer anderen an den Finger stecken, denn sie folgt lieber dem Ruf ins Ungewisse als einem sicheren Angebot.

VIPs: Kim Basinger, Jamie Lee Curtis, Bo Derek, Bette Midler, Jil Sander

Der Schütze-Mann

Wie war das doch gleich mit den Motten und dem Licht? Das Feuer des Schützen ist einfach nicht zu übersehen. Dieser Mann strahlt ungeheuer und wirkt überaus anziehend. Sein optimistisches Naturell und sein Lausbubenlachen fordern geradezu auf, sich auf einen Flirt mit ihm einzulassen. Lernt man ihn auf einer Reise kennen, gibt es sowieso kein Halten mehr. Viele Schützen sind Spezialisten für

Urlaubsflirts und manche Schützeherren haben ihren Nachwuchs tatsächlich über den ganzen Globus verteilt. Es bedarf also eines internationalen Flairs, damit er so richtig in Stimmung kommt. Manchmal reicht ihm dazu schon der Aufenthalt auf einem Flughafen oder einem schlichten Bahnsteig. Er tut sich einfach leichter, wenn das Weiterziehen schon vorprogrammiert ist. Der Flirt soll schließlich auch Flirt bleiben und nicht zur nächsten Verpflichtung werden.

Doch mit zunehmendem Alter plagen diesen Abenteurer die inneren Kontraste. Er ist hin und her gerissen zwischen Leichtsinn und Vernunft, denn schließlich haben sich in seinem Leben auch einige seiner Pfeile zum Bumerang entwickelt. Auch ein blauäugiger Schütze wird schließlich schlau und denkt beim Flirten nicht nur an die Nacht, sondern auch an den nächsten Morgen. So eine Lebenserfahrung wirkt sich aber ganz sicher nicht nachteilig für ihn aus, sondern macht ihn nur um so attraktiver. Diesen Weltenbummler-Appeal wird er nie ganz verlieren und das macht ihn schließlich so sexy.

VIPs: Don Johnson, Til Schweiger, Steven Spielberg, Kirk Douglas, Woody Allen, Ulrich Wickert, Danny de Vito

Erogene Zonen

Dem Schützen haftet der Hauch des großen Abenteuers an, auch wenn ihm durchaus eine gewisse Bequemlichkeit eigen ist. Deshalb finden die Liebesspiele von erstaunlich vielen Schützen im Bett statt, wenn sie erst einmal mit dem Partner vertraut sind. Allerdings mögen sie es bei der Wahl ihrer Liebespartner ein wenig exotisch und finden diese daher häufig im Ausland. Als Partner(in) eines Schützen dürfen Sie sehr temperamentvoll sein und sollten sich seinen erogenen Zonen sehr ausgedehnt widmen.

Sanftes Streicheln der Oberschenkel an den Innenseiten bis hin zu den Gesäßmuskeln bereitet den Schützen am besten auf ein intensives

Erleben des Liebesaktes vor. Manchmal schätzt er es auch, wenn er nur gestreichelt wird, ohne dass es tatsächlich zu einer Vereinigung kommt. Sind Schützen allerdings wirklich in Stimmung, dann zeigen sie sich sehr offen für alles Neue und lassen sich auch für ungewöhnliche Stellungen begeistern.

Das erste Rendezvous

Lassen Sie jetzt nur keine Langeweile aufkommen. Der Schütze ist ein Abenteurer und träumt davon, von einem Piraten oder einer heißblütigen Zigeunerin verführt zu werden. Er möchte mit seinem Schwarm in einer Berghütte einschneien oder auf einer einsamen Insel stranden. Vielleicht ist Ihnen nun klar, warum das erste Rendezvous wirklich etwas Besonderes sein muss. Neue Länder, neue Eindrücke stimulieren den Schützen und können auch die Intensität seiner Gefühle steigern. Selbst wenn Sie zu Beginn der Reise in getrennten Zimmern schlafen – der Blick auf die Lagune von Venedig oder auf die Skyline von New York wird seine Wirkung nicht verfehlen. So inspiriert, wird er sich auch körperlich öffnen und sich eine feurige Liebesnacht wünschen. Sollten Ihre finanziellen Mittel beschränkt sein, so machen Sie doch gemeinsam einen Ausflug auf dem Motorrad. Das bringt Sie auf Tuchfühlung und hat den gewünschten verwegenen Touch. Auch die Fahrt zu einem wildromantischen Landgasthof kann den Schützen von Ihren Qualitäten überzeugen. Das nächste Mal wird er dann freiwillig die Jagdausrüstung mitbringen und unmissverständlich auf Ihr Herz zielen.

Der erotische Traum – die erste Liebesnacht

Erwarten Sie die Romanze Ihres Lebens und wünschen Sie sich einen einfühlsamen Liebhaber? Am besten, Sie vergessen das gleich wieder, denn entweder fehlt es dem Schützen einfach an Gefühlstiefe oder er hält das Ganze für einen sportlichen Wettbewerb. Wer auf Freizügigkeit und Offenheit steht, ist allerdings wirklich gut bedient und kann schon in der ersten Nacht all seine Vorstellungen ungeniert einbringen. Der Schütze gehört zu den Abenteurern des Tierkreises und lässt sich nicht schnell auf eine enge Beziehung ein. Er kann über Monate ein Verhältnis haben, ohne wirklich verliebt zu sein. Er gönnt sich guten Sex wie andere ein schickes Auto, wahrscheinlich hat er so eins auch in der Garage. Der Schütze liebt die Wahrheit und den direkten Weg und hat deshalb nicht viel für raffinierte Verführungstaktiken übrig. Wenn Sie mit ihm schlafen wollen, können Sie das auch sagen, er fühlt sich dadurch nicht verunsichert. Man muss sich bei ihm nicht besonders rar machen, um für ihn begehrenswert zu werden. Entweder er will von Anfang an oder gar nicht. Seine Wahl ist schnell getroffen.

Der feurige Schütze ist trotzdem ein Idealist und für alles Neue aufgeschlossen, aber perverse Spielarten interessieren ihn nicht. Lieber sucht er einen ungewöhnlichen Schauplatz für das gemeinsame Schäferstündchen. So mancher Schütze hat die erste Begegnung mit einem neuen Schwarm im Wald oder auf dem Autorücksitz erlebt. Gerade die jungen Schützen haben da die unglaublichsten Erfahrungen und machen geradezu ein Hobby daraus, alles auszuprobieren. Der reife Schütze schätzt jedoch eine niveauvolle erste Liebesnacht und setzt auf Champagner im Nobelhotel. Im Lauf der Zeit lernt er eben doch, was ihm wirklich gefällt und dass er auf blaue Flecken großzügig verzichten kann.

Frische Impulse für Dauerbeziehungen

Mit einem temperamentvollen Schützen an der Seite kann man eine sehr lebendige und bewegte Beziehung aufbauen. Er ist einfach optimistisch und glaubt selbst nach dem größten Krach an eine Versöhnung. Er ist sehr großzügig und verzeiht schnell, diese Eigenschaft ist für eine Partnerschaft ein echter Pluspunkt. Er möchte in einer schwungvollen Stimmung leben und sich auf jeden neuen Tag freuen können. Der Partner sollte seinen Eroberungsdrang unterstützen. Es zieht ihn in die Weite und an ferne Gestade. Wenn das Abenteuer ruft, sollte man dabei sein und sich ihm nicht kleinlich und ängstlich in den Weg stellen. Auch seinen philosophischen Gedanken muss man Aufmerksamkeit schenken und den Freigeist akzeptieren. Auf sexueller Ebene stimuliert ihn ein schöner, sportlicher Körper. Machen Sie bei ihm eine gute Figur und sorgen Sie immer für ein nettes Darunter, wobei Sie wissen sollten, dass er den Sportbody aufregender findet als das Spitzenkorsett. Wenn Sie ihn wirklich aufbauen wollen, dann schenken Sie ihm kurzerhand Tickets für eine gemeinsame Fernreise. Die Atmosphäre einer neuen Kultur auf der anderen Seite der Erdkugel bewirkt bei ihm wahre Wunder.

Die Traumpartner in Liebe und Sex

Schütze – Widder: Beide lieben es, die gelangweilte Gesellschaft zu schockieren. Wenn sie verliebt sind, dann darf das ruhig jeder wissen. Sie begegnen sich lebendig und temperamentvoll. Diese Partnerschaft kostet Energie, denn schließlich muss man alles intensiv erleben! Doch das Feuer dieser beiden kann sehr dauerhaft lodern.

Schütze – Stier: Der Stier ist dem Schützen einfach zu langsam. Bis der Stier sich aufwärmt, ist der Schütze schon wieder abgekühlt. Berührungspunkte gibt es wenige, vielleicht führt man bei einem Abendessen unter Freunden ein nettes Gespräch über edlen Wein. Dass man gemeinsam im Bett landet, ist freilich nicht auszuschließen.

Schütze – Zwillinge: Keine Sekunde werden diese beiden zögern und sich in eine spannende Liebesbeziehung stürzen. Reisen und Abenteuer werden den Hintergrund ihrer ungewöhnlichen Beziehung bilden, denn sie brauchen jeden Tag einen anderen Schauplatz, um den erotischen Kick zu erhalten. Ein bisschen anstrengend ist das schon.

Schütze – Krebs: Der Schütze kann den launischen Krebs schon einmal mitreißen und ihn zu allerlei Schabernack anstiften. Der wird sich mit seinem neuen Kameraden freier und ungebundener denn je fühlen. Doch der Schütze fühlt, dass sich der Krebs anpasst, und lässt ihn zweifeln: Hat er tatsächlich so viel Spaß wie er?

Schütze – Löwe: Das Feuer der Leidenschaft erfasst diese beiden besonders schnell. Liebe auf den ersten Blick ist hier nicht selten. Doch der unabhängige Schütze zollt dem Löwen nicht immer die Bewunderung, die dieser beansprucht. Der erfolgreiche Löwe steht darüber und holt sich seine Bestätigung eben woanders.

Schütze – Jungfrau: Der Optimist und die ewige Kritikerin sind schon ein seltsames Paar, doch sie halten aneinander fest. Gegensätze ziehen sich hier an und lassen sich ergänzen. Die Anziehung beruht hier auf der Unterschiedlichkeit. Das sorgfältige Vorspiel der Jungfrau gefällt dem Schützen, der die Jungfrau mit seinem kraftvollen und steten Einsatz beeindruckt.

Schütze – Waage: Eleganz und Charme haben es dem Schützen angetan. So ist es klar, dass er der Waage nicht widerstehen kann. Sie ist so hübsch anzusehen, dass er kaum ruhig sitzen kann. Er will sie erobern und in seine abenteuerliche Welt entführen. Das ist für sie in Ordnung, solange alles stilvoll bleibt.

Schütze – Skorpion: Brennende Herzen im kalten Eis? Der Skorpion findet den Schützen einfach zu naiv. Er steht auf Geheimnisse und findet durchsichtige Blusen und allzu kurze Röcke nicht erotisch. Er möchte alles erforschen, doch der Schütze gibt vieles zu schnell preis, denn er ist in seiner Offenheit manchmal geradezu kindlich. Ein Kostverächter ist der Skorpion natürlich nicht.

Schütze – Schütze: Wer jagt hier eigentlich wen? Gemeinsam hoffen die beiden auf den ultimativen Kick, denn sie wissen, was ihnen Spaß macht. Bunte Erlebnisse, eine Menge Freunde und noch mehr Vergnügen im Bett – so sieht das reichhaltige Erlebnisprogramm dieser feurigen Typen aus. Sie sind Spielkameraden, aber schicksalhafte Faszination ist es nicht.

Schütze – Steinbock: Der Steinbock nimmt das Leben einfach zu ernst für den fröhlichen Schützen. Das Leben ist da, um es zu genießen und nach neuen Ufern zu streben. Der Steinbock ist mit der Sicherung der Zukunft beschäftigt, während der Schütze sich in ein neues Abenteuer stürzt. Das findet der Steinbock einfach nicht gut.

Schütze – Wassermann: Verrückter und ausgelassener kann eine Beziehung kaum laufen. Diese Liebelei ist originell und frei von allen Vorbehalten. Der gemeinsame Freundeskreis ist unglaublich groß und nimmt viel Raum in Anspruch. Da bleibt kaum noch Zeit für sinnliche Stunden.

Schütze – Fische: Wenn der Fisch vor dem Schützen aus seiner Traumwelt auftaucht, glauben beide zuerst an ein Wunder. Der Schütze will dieses schlüpfrige Exemplar unbedingt näher betrachten, doch da ist es schon wieder abgetaucht. Der Jagdinstinkt des Schützen ist angestachelt, aber der Fisch lässt sich nicht fangen.

Steinbock
22. Dezember bis 19. Januar

Das Liebesgeheimnis

Die Liebe und der Steinbock sind ein ganz besonderes Kapitel, denn sie scheinen gar nicht zusammenzupassen. Wer vom unbeweglichen und souveränen Steinbock leidenschaftliche Extreme erwartet, wird bitter enttäuscht. Hier lüftet man kein schillerndes Geheimnis. Seine wahre Stärke ist seine Kontinuität. Das gilt für seine Gefühle wie für seinen sexuellen Einsatz, der recht beachtlich sein kann. Für ihn gilt: Ganz oder gar nicht. Doch der Steinbock ist ein Spätzünder. Wahre Gefühle entwickelt er im Zeitlupentempo. Seine Liebe ist still und besonders. Große Anträge und dramatische Auftritte spart er sich, er geht lieber gleich daran, den Bau einer gemeinsamen Wohnung oder eines Hauses zu planen. Sein Liebesgeheimnis kommt einer Lebensversicherung gleich. Wenn man ihn auf seiner Seite hat, dann wird er sich um Treue und eine konstante Lebensführung bemühen, was so mancher abenteuerlustige Typ als langweilig empfinden mag. Der Steinbock ist kein Typ für eine Nacht, denn er sieht den Sex eigentlich als Nebensache an. Gefühle bringen ihn nicht vom Weg ab. Nicht umsonst liegt der Steinbock im Tierkreis dem Krebs gegenüber, der das ganze Gegenteil von ihm ist.

Die Steinbock-Frau

Klar wie ein Kristall, von edler Schönheit ist diese zurückhaltende Frau. Mit unbeweglicher Miene spielt sie die Rolle der Eisprinzessin einfach perfekt. Kühle Distanz strahlt sie aus, schnelle Vertraulichkeiten mit Fremden gibt es bei ihr nicht. Nur langsam kann ein Verehrer sich ihr nähern, und davon gibt es nicht wenige. Da sie ein ehrgeiziges Mädchen ist, sind ihre Erwartungen an einen potenziellen Partner sehr hoch. Kaum einer wird den Gipfel erklimmen können, denn es bedarf ja schließlich eines Helden. Siegertypen gefallen ihr, doch nicht die lauten und ungehobelten. Ohne Manieren geht hier nichts, auch wenn sie im Schlafzimmer eine rechte Kokotte ist. Steinbock-Frauen wollen hoch hinaus und sind bereit, sich für ihre Karriere total einzusetzen.

Dieses Engagement erwarten sie auch von einem Mann, der idealerweise aus ihrer eigenen Fachrichtung stammen sollte. Denn nur zu gerne unterhalten sich Steinböcke noch nach Dienstschluss über ihre Arbeit. Sich in fremde Welten einzufühlen gelingt ihnen nur schwer. Die Erotik der Steinbock-Frau ist nicht gerade heißblütig, obwohl sie genau weiß, was sie will. Ein Mann, der ihr nicht zum Höhepunkt verhilft, kann kurzerhand den Laufpass bekommen, denn wozu soll sie sich dann mit ihm aufhalten? Sie ist nun einmal zweckorientiert und braucht einen potenten Liebhaber, denn sie hat eine lange Aufwärmphase, die man nur mit viel Geduld und Fingerspitzengefühl überbrücken kann. Herren mit Stand- und Geldvermögen haben hier gute Chancen.

VIPs: Marlene Dietrich, Kate Moss, Diane Keaton, Christine Kaufmann, Sade

Der Steinbock-Mann

Was heißt hier Flirten? Schließlich hat dieser beruflich stark engagierte Mann viele wichtige Termine und muss außerdem noch seine Rede für die Vorstandssitzung vorbereiten. Er ist zwar körperlich topfit und könnte jede Dame auf der Stelle beglücken, aber er will wirklich keine Zeit mit Augenzwinkern und Gefühlsduselei verschwenden. Das Leben ist zu kurz, um es mit Liebeleien zu vertun. Warum denn nur so kühl? Oder ist das etwa die Tarnung für das ausgekochteste Schlitzohr aller Zeiten? Wir werden es nie wissen, denn seine Fassade wird Herr Steinbock auf jeden Fall wahren, egal, was er nach Dienstschluss wirklich macht. Wahrscheinlich hat er ein Verhältnis mit seiner Sekretärin oder einer persönlichen Mitarbeiterin, damit sie auch richtig motiviert ist und ihm auf dem Karriereweg nach oben hilft.

Wenn er flirtet, dann hat das auch einen tieferen Sinn. Nützlich muss es allerdings schon bleiben. Steinbock-Männer können eine besondere Vorliebe für reiche Erbinnen oder aufstrebende Karrierefrauen entwickeln, denn mit Versagerinnen und Sozialfällen wollen sie sich nicht aufhalten. Klingt hart? Klar, aber die Zeit eines Steinbocks ist knapp und Probleme finden sie einfach nicht sexy. Zugegeben, die meisten Steinböcke handeln nach bestem Wissen und Gewissen, denn schließlich können sie gar nicht anders, als mit dem am besten situierten Objekt zu flirten. Nur ernste Angebote werden überprüft, denn umsonst gibt es bei diesem stahlharten Mann nichts.

VIPs: Kevin Costner, Gérard Depardieu, Cary Grant, Henry Maske, Anthony Hopkins

Erogene Zonen

So mancher Steinbock vermittelt den Eindruck, als wäre er völlig erhaben über sexuelle Bedürfnisse oder gar den Wunsch nach Entspannung. Tatsächlich gibt es viele Steinböcke, die vor lauter Leistung das Genießen vergessen. Um sie anzusprechen, müssen Sie schon besondere Geduld mitbringen. Kennt man ihre besondere erogene Zone, mag es vielleicht etwas schneller gehen, sie in Stimmung zu bringen. Es ist vor allem auch ganz unverbindlich möglich, denn an ihr Knie kann schon mal ihr Chef oder auch eine forsche Kollegin fassen. Ein Steinbock sollte sich also gut überlegen, wen er an sein Knie, insbesondere an seine Kniekehlen lässt, denn sonst ist er selbst überrascht, wie stark er darauf anspricht.

Das erste Rendezvous

Am besten, Sie überlegen sich das Ganze noch einmal gründlich, denn einen Steinbock nachhaltig zu beeindrucken gleicht dem Versuch, die beiden Polkappen vom Eis zu befreien. Haben Sie es sich jedoch in den Kopf gesetzt, dann starten Sie am besten einen Vollangriff. Vielleicht spielt er sogar eine Weile mit, um sich dann unvermittelt wichtigeren Dingen zuzuwenden. Seien Sie also auf alles gefasst. Und nehmen Sie es nicht persönlich, wenn er Ihnen die kalte Schulter zeigt. Strahlen Sie Selbstsicherheit aus, das imponiert ihm.

Der Steinbock ist sehr konservativ. Was auch immer Sie sich für diesen Abend vorgenommen haben, es muss Hand und Fuß haben und es darf, ja sollte die Sinne des Steinbocks ansprechen, zum Beispiel wie Sie ins Auto steigen – langsam, sinnlich, zuerst das eine seidenbestrumpfte Bein, dann das andere. Nur überstürzen sollten Sie nichts, das schreckt den Steinbock eher ab. Schließlich will er sich erst genau und in aller Ruhe betrachten, mit wem er es zu tun hat. Wenn Sie in jeder Hinsicht für Qualität sorgen – denn die ist ihm sehr wichtig –, dann haben Sie gute Chancen, mit ihm in nicht allzu ferner Zukunft eine Liebesnacht zu verbringen.

Der erotische Traum – die erste Liebesnacht

Für diesen Typ sollten Sie sich wirklich Zeit lassen. Eine schnelle Eroberung ist der Steinbock nicht. Sein spröder Charme ist ungeheuer anziehend, denn kaum einer wirkt so souverän wie er. Manchmal könnte man schon glauben, er steht total über den Dingen und verzichtet auf ein Sex- und Liebesleben. Zugegeben, die Karriere ist bei ihm das A und O. Wenn er am nächsten Morgen fit sein muss und einen wichtigen Termin hat, verzichtet er freiwillig auf die erste Liebesnacht mit Ihnen. Sollte das ernüchternd auf Sie wirken, machen Sie um diesen Aufsteiger lieber einen großen Bogen. Er hat alle Zeit dieser Erde, um auf den ersten Höhepunkt mit Ihnen zu warten. Er wird

Sie nicht drängen, aber doch sein Ziel im Auge behalten. Er ist ein Stratege und wird auch in Sachen Liebe Schritt für Schritt vorgehen. Kurzfristige Emotionen beunruhigen ihn nicht und schließlich weiß er, dass er immer bekommt, was er will.

Haben Sie den Steinbock dann endlich in Ihre Wohnung gebracht und ihm einen Drink gemixt, dann sollten Sie schon mal die Badewanne einlaufen lassen. Viele Steinböcke genießen zuerst ein gemeinsames Bad in Duftöl. Da können sie langsam entspannen und sich auf das bevorstehende Ereignis einstellen. Quickies sind dem Steinbock ein Gräuel und völlig unter seiner Würde. Er widmet sich Ihnen die ganze Nacht, denn seine berühmte Ausdauer macht ihn zu einem Langstreckenläufer. Er macht keine großen Worte, seine Liebeserklärung ist seine totale Aufmerksamkeit. Allerdings darf man sich von ihm nicht die ausgefeiltesten Liebestechniken erwarten. Wer nicht gut drauf ist oder eine schlechte Kondition hat, sollte die erste Nacht allerdings lieber aufschieben, bis er einem Liebesmarathon gewachsen ist.

Frische Impulse für Dauerbeziehungen

Diesen ambitionierten Gipfelstürmer werden Sie auf einem anstrengenden Marsch nach oben begleiten müssen. Viel Zeit für zärtliche Stunden bleibt oft nicht, denn er setzt sich für seine Ziele ein und die sollen sich schließlich in sichtbaren Ergebnissen manifestieren. Wenn Sie Ihren Steinbock bewundern und ihm auch noch nach Jahren gefallen wollen, dann helfen Sie ihm. Seien Sie einfach da, wenn er nach Hause kommt, und sorgen Sie für eine ruhige und entspannte Atmosphäre. Er braucht ein Refugium nur für sich. Lassen Sie ihm seine klassische Musik oder seinen Cool Jazz und hören Sie Ihren Technobeat oder House, wenn er nicht da ist. Ähnlich wie der Stier schätzt er ein gediegenes Zuhause, wobei er einen kühlen und dezenten Stil bevorzugt. Auch bei seinem Partner findet er ein kühles Naturell anziehender als zu große Leidenschaft. Er braucht einen Partner, mit dem man sich in der Öffentlichkeit zeigen kann, der sich den Normen der Gesellschaft anpasst, und findet es gar nicht sexy, wenn man zu temperamentvoll auftritt. Doch ein wenig anregen müssen Sie ihn schon, Ihren Steinbock. Guter Sex ist für ihn auch mit einem Dauerpartner immer wieder spannend. Kommt er in seiner Partnerschaft regelmäßig auf seine Kosten, wird er auch nicht an eine Veränderung denken.

Die Traumpartner in Liebe und Sex

Steinbock – Widder: Sie flirten gerne miteinander, denn beide sind stark und sehr selbstständig. Auch für eine lockere Beziehung, die einen erotischen Touch hat, ist man aufgeschlossen, doch wenn es wirklich zur Sache geht, gibt's Probleme. Der Widder will einfach nicht so lange auf den Heiratsantrag warten.

Steinbock – Stier: Zwei im gleichen Rhythmus können das Glück finden. Ein gepflegtes Zuhause und stabile Verhältnisse wirken auf diese beiden erotischer als alles andere. Auch die leiblichen Genüsse spielen eine große Rolle, wobei das Sexleben eine recht traditionelle Note haben kann. Experimente finden nur in Maßen statt.

Steinbock – Zwillinge: Der hektische, immer schnatternde Zwilling ist auf der Hitliste des Steinbocks nicht gerade die Nummer eins. Der fühlt sich sogar genervt, obwohl er einen dicken Geduldsfaden hat. Vielleicht findet der Zwilling den Steinbock sexy, weil der so herrlich schweigen kann, und das macht schließlich neugierig.

Steinbock – Krebs: Der Krebs braucht viel liebevolle Pflege und einen Partner, der ihm zuhört, wenn er eine seiner Launen hat. Doch der Steinbock ist gerade auf Geschäftsreise. Vermutlich wird das mehr als einmal passieren, und das frustriert den Krebs zutiefst. Der Steinbock bemerkt es kaum und wundert sich, wenn der Krebs kurzerhand woanders Trost sucht.

Steinbock – Löwe: Der stolze Löwe fühlt sich von dem spröden Charme des zurückhaltenden Steinbocks sehr angezogen. Er ist so herrlich diskret und eignet sich für eine heimliche Affäre. Auf sexueller Ebene versteht man sich total. Die Ausdauer des Steinbocks ermöglicht dem Löwen, sich ganz und gar auszuleben.

Steinbock – Jungfrau: Auf den ersten Blick wirkt diese Partnerschaft ein wenig nüchtern. Gehen die beiden tatsächlich miteinander ins Bett? Oh doch, sie stimmen sich gut aufeinander ein, denn ihre Bedürfnisse sind sehr ähnlich. Die wenigen Mußestunden genießen sie in absoluter Ruhe, denn die Karriere ruft schnell wieder zum Einsatz.

Steinbock – Waage: Der Steinbock erfreut sich an der Grazie und Eleganz der Waage. Sie ist so herrlich galant und gepflegt und fällt niemals aus der Rolle. Eine Tatsache, die dem Steinbock gefällt, denn ungezügelte Wesen missfallen ihm zutiefst. Die Waage schätzt das Bankkonto des Steinbocks, ja sie findet es geradezu sexy.

Steinbock – Skorpion: Der Steinbock ist was für Kenner – und das ist der Skorpion ganz sicher. Er sieht sofort, dass dieser Typ enorme Qualitäten hat. Er hat vor allem Charakter, und das ist für den kritischen Skorpion das A und O, abgesehen davon, dass sein erotisches Standvermögen seinesgleichen sucht. Diese beiden passen zusammen.

Steinbock – Schütze: Der Steinbock lässt sich gerne einmal entflammen von diesem sympathischen Schlitzohr. Er ist so schlau, sein Herz festzuhalten, denn er hat die Philosophie des Schützen durchschaut.

Im Bett stellt sich der Steinbock mit Geduld und körperlicher Präsenz auf den unruhigen Schützen ein.

Steinbock – Steinbock: Kühl und kontrolliert gibt sich dieses attraktive Pärchen. Niemand ahnt, welche heißen Nächte die beiden miteinander erleben. Doch einmal verheiratet, kehrt im Bett schnell die Routine ein. Der Orgasmus ist zwar garantiert, aber die phantasievollen Träume nicht.

Steinbock – Wassermann: Der Steinbock hat manchmal das Gefühl, es mit mehreren Partnern gleichzeitig zu tun zu haben, denn der Wassermann ist ein unruhiger und wechselvoller Typ. Der Steinbock möchte wissen, woran er ist, doch der Wassermann weiß selbst nicht, was er will. Hier klaffen doch Abgründe.

Steinbock – Fische: Wird das Gefühl des Fischs die unnahbare Kühle des Steinbocks durchdringen? Es wird – und macht auch noch Spaß! Der Fisch verzaubert mit seinem Lächeln und lockt den Steinbock aus seiner Reserve. Dieser wiederum kann den Fisch beschützen und ihm den Rücken stärken, wenn er mal nicht an sich glauben mag.

Wassermann
20. Januar bis 19. Februar

Das Liebesgeheimnis

Bunt und ungewöhnlich sind die Geheimnisse des unabhängigen Wassermanns. So manche skurrile Wesensnote verbirgt sich hinter seiner heiteren und offenen Art, die viele Partner gleichzeitig faszinieren kann. An einem Tag nähert er sich einem Menschen spontan und voller intensiver Emotionen, um am nächsten Tag distanziert zu sein. Wechselbäder der Gefühle sind sein großes Thema. Im Bett liebt er das Experiment genauso wie die „Hausmannskost", je nach Stimmung. Ein flexibler Partner kann sich mit ihm auf ein herrlich spannendes Liebesleben einstellen. Langweilig wird es nie, denn Durchschnitt und Konvention sind ihm verhasst. Sein Geheimnis ist die unterbewusste Revolution gegen alles, was klein, eng und spießig ist. Er will sich dem Exotischen öffnen und alle Möglichkeiten ausschöpfen. Doch er will die Liebe auch auf freundschaftlicher Ebene erleben. Die Faszination von Sex allein genügt ihm nicht. Wassermänner heiraten oft einen guten Kameraden, um später festzustellen, dass die Liebe eigentlich etwas ganz anderes ist. Sie haben die Fähigkeit, auch in einer festen Beziehung ihre Freiheit und Unabhängigkeit zu wahren.

Die Wassermann-Frau

Diese lebendige Frau ist wie Quecksilber und so voller ungebändigter Lebensfreude. Sie gibt sich völlig frei und ungezwungen und allen Gelegenheiten des Lebens gegenüber offen. Je origineller ein Typ und je ausgefallener sein Stil ist, um so größer ist ihr Interesse. Sie mag alles, nur keinen Durchschnitt. Ihre Schwäche sind Typen, die eigentlich nicht gesellschaftsfähig sind, denn sie ist eine Revolutionärin. Sie will aufrütteln, Gegensätze überbrücken und den anderen Menschen die Augen öffnen. Doch weil sie so oft ihrer Zeit ein wenig voraus ist, eckt sie schon mal an. Ihr jugendliches Flair wird sie niemals ablegen, denn sie wird immer für eine Überraschung gut sein und ganz sicher auch einen besonderen Modestil entwickeln, der immer gut zu ihrem bewegten Leben passen muss. Für die Wassermann-Frau spielen Freundschaften eine große Rolle, sie hat meist eine Menge davon und macht keine sozialen Unterschiede. Auch bei ihren Partnern ist das auffällig. Sie liebt Experimente, natürlich auch beim Sex, und manchmal geht es ihr einfach nur um die Erfahrung und gar nicht so sehr um den Orgasmus. Sie will möglichst viele Facetten des Lebens kennen lernen, das daher auch meist sehr ungewöhnlich verläuft.

VIPs: Dagmar Berghoff, Cindy Crawford, Stephanie von Monaco, Nastassja Kinski

Der Wassermann-Mann

Wenn dieser unabhängige Mann mit seiner Lieblingsclique durch die Nächte streift, hat er eine Menge Gelegenheiten, um seine Wirkung auszuprobieren. Da er so gerne die Rolle des Clowns übernimmt, kommt er praktisch mit jedem auf unkomplizierte Weise ins Gespräch. Doch er hat wahrscheinlich nur Augen für den exotischen Vogel auf dem unerreichbaren Ast. Originelle und überraschende Wesenszüge machen den Wassermann eben ungeheuer scharf, denn die Entdeckung von Neuland ist seine Spezialität. Dabei sind ihm auch gesellschaftliche Normen völlig egal. Selbst die Warnungen seiner Freunde können ihn nicht davon abhalten, mit seinem heißen Flirt kurzerhand durchzubrennen. Fremdartige Schönheiten haben bei ihm immer Hochkonjunktur und motivieren ihn jederzeit zu einem

Flirt, auch wenn er gerade ein anderes Bett verlassen hat. Schließlich kann die gesammelte Schönheitsgalerie nie groß genug sein.

Dieser unkonventionelle Typ ist so herrlich frei in seinen Gefühlsäußerungen und macht schließlich niemandem etwas vor. Wer mit ihm flirtet oder auch mal eine Nacht verbracht hat, kann sich nicht darüber beklagen, er hätte falsche Versprechungen gemacht. Wirklich sexy findet er unabhängige Frauen, die selbst auf ihre Freiheit großen Wert legen. Hier ist ein Flirt nicht gleich todernst. Seiner Meinung nach sollte ein Flirt sowieso zum besseren Verständnis zwischen den Menschen beitragen. Egal, welcher Kultur oder welcher sozialen Schicht die Beteiligten angehören.

VIPs: James Dean, Dieter Bohlen, Burt Reynolds, Matt Dillon, John Travolta, Phil Collins, Paul Newman

Erogene Zonen

Wassermänner fesselt man am besten gleich mit Handschellen ans Bett oder ans Sofa oder wo auch immer ihnen gerade nach Liebe zumute ist. Ihrem Einfallsreichtum entsprechend haben Wassermänner das Gefühl, viele erogene Zonen zu besitzen.

Mag sein, doch sollten Sie bei der nächsten Nacht der Leidenschaft unbedingt probieren, ihre Waden und Unterschenkel zu massieren. Bei all ihren Experimenten haben die Wassermänner vielleicht auch schon festgestellt, dass das Jochbein eine hochsensible Stelle ihres Körpers ist. Ihr Partner sollte es mit vielen kleinen Küssen bedecken, das lässt sie sogar ihr Spielzeug oder den heiß geliebten Latexanzug vergessen.

Das erste Rendezvous

Dieser innovative Freigeist schätzt das Unkonventionelle! Treffen Sie sich deshalb das erste Mal mit ihm in einem technischen Museum oder in einer Galerie für moderne Kunst. Studieren Sie zusammen mit ihm die Erotik der ersten Apollo-Rakete auf dem Mond oder versuchen Sie gemeinsam die Hintergünde eines Frauenaktes aufzuspüren. Signalisieren Sie Aufgeschlossenheit für alles Ungewöhnliche! Erzählen Sie von Ihrem bunten Freundeskreis und kochen Sie nach dem Galeriebesuch ein exotisches Essen für den Wassermann. Erwähnen Sie ruhig, dass diese Speisen eine aphrodisierende Wirkung haben. So kann er aus sich herausgehen, denn schließlich sind Sie mit Ihrem Essen daran schuld! Fragen Sie einen Wassermann nie, wann er Sie wieder anruft, denn Umklammerung vertreibt ihn. Erzählen Sie ruhig von anderen Verehrern oder gar von gleichgeschlechtlichen Liebeserfahrungen. Das wird sein Interesse steigern. Vielleicht berichten Sie auch von Ihrem letzten Besuch in einem Erotikshop und was Sie dort alles gesehen haben. Das wird den Wassermann ganz sicher auf Ideen bringen.

Der erotische Traum – die erste Liebesnacht

Der Paradiesvogel par excellence wünscht natürlich auch in diesem Bereich das Außergewöhnliche. Das Exotische wird ihn immer wieder faszinieren und so lässt er sich gerne von ausgefallener Erotik stimulieren. Will er mit Ihnen ins Bett, schleift er Sie vielleicht zuerst in ein Stripteaselokal oder in einen Nachtclub. Das animiert ihn dazu, auch mit Ihnen in eine sexy Stimmung zu kommen. Fragt er Sie nach Ihrer Unterwäsche, können Sie sicher sein, dass Sie nicht mehr heil nach Hause kommen, und wenn, dann nur mit ihm. Originelle Dessous bringen ihn auf Touren, vom Lack-String bis zum Mickymausbody.

Der Wassermann ist heiter und verspielt und nimmt das Leben so manches Mal nicht ernst. Auch der erste Sex kann ihm wie ein Spiel vorkommen, er erkundet alles, ist neugierig und immer gut drauf. Haben Sie ein exotisches Aussehen oder besonders originelle Lebensumstände, kann es sogar passieren, dass er sich in Sie verliebt. Ansonsten kann der Wassermann eine Liebesnacht schnell vergessen, denn er ist ein freiheitsliebender Mensch. Seine Freundschaft bietet er gerne an, aber ein gemeinsames Leben steht auf einem ganz anderen Blatt. Sie sollten in eine heiße Nacht nicht zu viel hineininterpretieren, auch wenn Sie noch nie ein so befreiendes Erlebnis hatten. Der Wassermann zaubert eine außergewöhnliche Stimmung und bietet sexuelle Überraschungen. Vielleicht hat er sogar ein paar tolle Tricks auf Lager, die er auf seinen Reisen durch Thailand und Japan gelernt hat, aber das ist auch alles, was er Ihnen am Anfang bieten mag.

Frische Impulse für Dauerbeziehungen

Wenn Sie mit einem Wassermann zusammenleben, ist Ihnen sicher nicht verborgen geblieben, dass er auf alles steht, was ungewöhnlich ist. Durchschnittlichkeit ist ihm ein Gräuel. Wahrscheinlich sind Sie ohnehin selbst ein originelles Exemplar, sonst wäre er gar nicht mit Ihnen zusammen. Doch um ihn zu faszinieren, bedarf es einiger kleiner Tricks, die es in sich haben können. Vielleicht sollten Sie an getrennte Wohnungen denken, getrennte Urlaubsreisen und auch an unterschiedliche Freundeskreise, denn seine Unabhängigkeit wird ein Wassermann niemals aufgeben wollen. Klammeraffen treiben ihn aus dem Haus.

Verwandeln Sie sich regelmäßig und stellen Sie ihm Rätsel. Er muss geistig gefordert sein und will auch Skurriles verstehen. Teilen Sie sein Interesse für moderne Kunst und unternehmen Sie mit ihm verrückte Dinge. Laufen Sie mit ihm durch den Regen, machen Sie eine Expedition ins Amazonasgebiet und schenken Sie ihm zum Geburtstag einen Flug mit dem Fesselballon. Auch im Bett lockt das Exotische, und das sollten Sie noch nach Jahren berücksichtigen. Bleiben Sie in der Erotikszene auf dem Laufenden und kaufen Sie im Erotikshop mal wieder ein neues Spielzeug für ihn. So einfach es sich anhört, aber bei ihm wirkt es tatsächlich immer noch Wunder.

Die Traumpartner in Liebe und Sex

Wassermann – Widder: Hier geht es ganz schön zur Sache! Feurig, spritzig – kurz: eine ganz und gar berauschende Angelegenheit. Diese beiden wollen sich ins absolute Vergnügen stürzen, denn Lebensfreude ist alles. Das Bett ist eine große Spielwiese, auf der nach Herzenslust experimentiert wird und es eigentlich kein Tabu gibt.

Wassermann – Stier: Der Stier ist kein Akrobat und möchte es auch nicht werden, doch der Wassermann erwartet einen ideenreichen Liebhaber, der für jeden neuen Gag zu haben ist. Wie soll das funktionieren? Der Stier besticht durch einen schönen Körper, mit dem er den Wassermann kraftvoll beglückt, das ist schließlich auch eine Besonderheit.

Wassermann – Zwillinge: Eine fröhliche Runde, die das Leben nicht so furchtbar ernst nimmt. Man steht auf Abwechslung und ist manchmal auch mit einem oder einer Dritten im Bunde. Liebes-Spielzeug darf nicht fehlen, denn vielleicht gibt es etwas, was die Lust noch steigert? Und doch zählt nicht nur das Bett, die geistige Übereinstimmung kann sich ebenfalls sehen lassen.

Wassermann – Krebs: Der schüchterne, manchmal etwas kindliche Krebs gefällt dem Wassermann irgendwie, denn Individualisten ziehen ihn an. Doch der Krebs neigt zum Pessimismus und der Wassermann prescht aktiv nach vorn, meist mit guter Laune. Die unterschiedlichen Rhythmen stören in der Liebe, eine Freundschaft kann jedoch gedeihen.

Wassermann – Löwe: Die königliche Haltung des Löwen provoziert den Wassermann. Es wird ihm großes Vergnügen bereiten, den Löwen zu demontieren, doch er sollte mit der gewaltigen Pranke des

Löwen rechnen. Wenn es funkt, dann kann der Löwe vom Wassermann ganz neue Spielarten der Liebe kennen lernen.

Wassermann – Jungfrau: Die Jungfrau wird diesen originellen Typ nur zu gerne analysieren: Hatte er eine schwere Kindheit oder ist er einfach nur schlecht erzogen? Der Wassermann macht sich nichts aus Etikette, doch die Jungfrau braucht sie, um sich wohl zu fühlen. Früher oder später wirft sie diesen Revolutionär dann doch aus ihrem Bett. Sie braucht eben ihre Ordnung.

Wassermann – Waage: Exotik und Eleganz bilden hier eine explosive Mischung. Wassermann und Waage eröffnen sich neue Welten und lernen, dass Toleranz eine ideale Basis für eine befriedigende Beziehung ist. Sie gestalten sich mit viel Kreativität ein buntes und meist auch künstlerisches Umfeld, in dem auch Freunde eine große Rolle spielen.

Wassermann – Skorpion: Die Leidenschaft des Skorpions entfacht im Wassermann Gefühle, die er niemals kannte. Der Stachel sitzt tief, manchmal sogar lebenslänglich. Der große Freundeskreis des Wassermanns bereitet seinerseits dem Skorpion Probleme, denn der ist eifersüchtig und möchte den Wassermann nicht mit vielen teilen müssen.

Wassermann – Schütze: Zwei Freibeuter auf einem Weg! Immer auf dem Sprung nach oben und offen für eine neue, aufregendere Zukunft. Sie haben großartige Visionen und Ideen. Gemeinsam wollen sie die Welt erobern, denn sie kennen keine Grenzen. Fair und tolerant, wie sie sind, gibt es auch auf sexuellem Gebiet absolut keine Probleme.

Wassermann – Steinbock: Der Wassermann ist ein Idealist, jederzeit bereit, sich für seine Ideen und sein soziales Engagement einzusetzen.

Der Steinbock hat andere Vorstellungen von einem erfolgreichen Leben. Geld und eine angemessene Position sind seine Ziele, und davon bringt ihn auch nicht eine heiße Affäre mit dem Wassermann ab.

Wassermann – Wassermann: Das eigene Sonnenzeichen ist einfach unschlagbar, hier kann man sich endlich so frei und ungebunden geben, wie man ist. Diese beiden Frohnaturen sind ihrer Zeit ein gutes Stück voraus, denn so menschlich und tolerant geht es in kaum einer Partnerschaft zu. Unabhängigkeit wird groß geschrieben, auch kleine Abenteuer werden verziehen.

Wassermann – Fische: Sie spüren eine Seelenverwandtschaft auf spiritueller Ebene. Eine höhere Macht führt sie zusammen. Der Wassermann kommt endlich zur Ruhe und der Fisch profitiert von der Heiterkeit des Wassermanns. Der Fisch spürt intuitiv, was der Wassermann braucht: Phantasie und viel Zärtlichkeit.

Fische
20. Februar bis 20. März

Das Liebesgeheimnis

Die Fische lieben Geheimnisse und Träumereien. Die Realität ist einfach nicht so schön, wie es die Phantasie sein kann, dies gilt im besonderen Maße für die Liebe. Die Liebe aus der Distanz oder gar in platonischer Form gehört deshalb zum Geheimnis dieses Zeichens. Ihre schwärmerische Natur lässt Fische deshalb oft Singles bleiben, denn der Alltag hat nichts mit ihrem wunderschönen Liebestraum zu tun. Sie brauchen einen Partner mit viel Intuition, der ihrer sanften Art entspricht, einen zärtlichen Liebhaber, der sie langsam, aber sicher an sich bindet und keine Wunder von ihnen erwartet.

Leider geraten Fische oft an recht dominante Partner, die ihnen Entscheidungen kurzerhand abnehmen. Die Flucht in Geheimnisse, aber auch Heimlichkeiten sind die Folge. Offen wird der Fisch seine Wünsche ohnehin nur selten äußern. Nüchternheit liegt ihm nicht und schon gar nicht bei der körperlichen Liebe. Nur mit liebevollem Fingerspitzengefühl wird man dem stummen Fisch die Wahrheit entlocken bzw. kann man sie an seinen Reaktionen ablesen. Eine Gefahr besteht darin, dass der Fisch so selten nein sagen kann und sich deshalb oft in mehrere Beziehungen gleichzeitig verstrickt. So muss man manchmal jahrelang um ihn kämpfen und doch weiß man nie wirklich, welches Geheimnis er in sich verbirgt.

Die Fische-Frau

Wer lüftet den Schleier des Geheimnisvollen und küsst Dornröschen wach? Ihren zauberhaften Blick und ihr mildes Lächeln vergisst man so schnell nicht. Wer mit dieser Träumerin flirtet, läuft Gefahr, unweigerlich in ihren Bann zu geraten. Auch wenn sie es gar nicht darauf anlegt, fliegen ihr immer wieder die Männerherzen zu. So manches Mal beunruhigen sie ihre eigenen Phantasien. So liebt sie es zum Beispiel besonders, unter einem strengen Kleid verführerische Dessous zu tragen. Wenn das nicht erotisch ist!

Allerdings hat diese undurchsichtige Lady eine eigenartige Taktik. Wenn sie ein Steinchen geworfen hat, zieht sie sich im nächsten Moment schon wieder zurück. Man könnte auch sagen, sie taucht ab, in sichere Gefilde, in denen kein Angelhaken blitzt. Fische flirten gerne, doch nur dann, wenn die Regeln eingehalten werden. Spielverderber lassen sie kühl abblitzen, auch wenn sie sich mal in einer heißen Sommernacht oder nach einer Weihnachtsfeier vergessen haben. Wer sie ködern will, der muss sich Zeit lassen. An ihre sensible Seele lassen Fische-Frauen sowieso kaum jemanden heran, ihren hübschen Luxuskörper hingegen kann durchaus die halbe Stadt kennen. Nachdem sie beim Sex so ungern nein sagen, kommen sie manchmal gar nicht dazu, all ihre Verpflichtungen zu erfüllen. So kann es schon passieren, dass sie vor lauter Verführung und Gefühlen ihren Arbeitsplatz oder ihre Sicherheit riskieren. Wenn sie verliebt sind, können sie sich auf nichts anderes mehr konzentrieren. Das Thema Disziplin ist sicher schwierig für diese sensiblen Frauen. Auch wenn es ihnen schwer fällt – sie müssen lernen, Härte zu zeigen, denn man kann nicht jeder Versuchung nachgeben. Erst im Lauf der Zeit erinnern sie sich daran, wie flau sie sich schon nach so mancher Nacht gefühlt haben. Ihre Sensibiliät ist sehr groß. Ein spendiertes Abendessen sollte nicht Anlass sein, über sie verfügen zu dürfen. So manche Fische-Frau ist in dieser Hinsicht zu großzügig und muss dringend lernen, sich abzugrenzen.

VIPs: Sharon Stone, Elizabeth Taylor, Ornella Muti, Nina Hagen, Juliette Binoche, Nadja Auermann

Der Fische-Mann

Phantastische Welten eröffnen sich einer Frau bei diesem Mann. Er ist ein sanfter Träumer und hat immer ein wenig Sternenstaub in seinem Haar. Er möchte aus seinem Leben etwas Besonderes machen, denn er spürt, dass es mehr gibt zwischen Himmel und Erde, als der Mensch in der täglichen Hektik wahrnimmt. So setzt er auf Intuition und Sensibilität und hat häufig eine künstlerische Note in seinem Wesen. Er ist ein sanfter Verführer, der die leisen Töne schätzt. Frauen, die echte Kerle und harten Sex suchen, machen um ihn lieber einen großen Bogen. Doch er ist sehr männlich und auch sehr sinnlich veranlagt, aber er möchte keinem Klischee entsprechen und schon gar nicht dem vom großen Helden. Er rettet das süße Burgfräulein lieber aus anderen Nöten. Der Fische-Mann liebt die Frauen, besonders magische Frauen mit elfenhafter Note. Doch seine Realität sieht häufig anders aus. Er und sein Ideal sind nicht immer für den Alltag gemacht, und so kommt es, dass der Fische-Mann im Lauf der Zeit erkennt, dass eine starke Frau im Hintergrund viel besser für sein Seelenheil ist. Sie ist sein Coach und erinnert ihn an seine Pflichten und wird ihn auf den rechten Karriereweg bringen. Doch er wird immer eine Schwäche für zauberhafte, zarte Frauen haben, mit denen er womöglich, neben seiner Dauerpartnerin, zahllose Affären genießt.

VIPs: André Heller, Bruce Willis, Albert von Monaco, Erich Kästner, Hannes Jaenicke

Erogene Zonen

Fische baden in einem Meer von Gefühlen, wenn sie sich verliebt haben. Ein sanfter, feinfühliger Liebhaber ist ihr romantischer Traum. Quickies im Lift mögen zwar die Phantasie der Fische anregen, doch umsetzen wollen sie das Ganze nicht. Es muss sanft bei ihnen zugehen, auf Peitschen und Piercing verzichten sie dankend. So ist es auch ganz klar, dass sie ein besonders ausgedehntes Vorspiel schätzen, in dem es ihr Partner nicht an zärtlichen Ideen mangeln lassen sollte. Sie sind eher der passive Typ, der lieber reagiert.

Allerdings können ihre Reaktionen heftiger ausfallen, wen Sie sich vorsichtig ihren Füßen nähern. Eine schöne Fußmassage, die auf keinen Fall kitzeln darf, vielleicht sogar ein Nuckeln an ihren Zehen bringt die Fische in eine Stimmung, in der sie zu fast allem bereit sind. Es bedarf eben einer besonderen Sensibilität, um sie glücklich zu machen.

Das erste Rendezvous

Einen phantasievollen Fisch an die Angel zu bekommen war noch nie einfach. Wenn Sie am Anfang zu viel Freiraum lassen, werden Sie einen Fisch nie wirklich packen. Zwischen Traum und Wirklichkeit müssen Sie zu ihm finden.

Wenn Sie den Fisch das erste Mal treffen, gehen Sie einfach miteinander spazieren. Lassen Sie sich von ihm erzählen und fragen Sie nach seinen Wünschen und Visionen. Er wird das persönliche Interesse schätzen, und gleichzeitig wird ihn die Bewegung in Schwung bringen. Der Fisch ist für romantische Stimmungen in höchstem Maße anfällig. Also locken Sie ihn zu einem schönen Sonnenuntergang an einen einsamen See oder in eine malerische Landschaft. Oder gehen Sie gemeinsam mit ihm ins Kino, denn der schüchterne Fisch kann hier ungesehen nach Ihrer Hand greifen. Doch ehrlich gesagt, der Fisch lässt sich lieber verführen, lässt sich inspirieren und schätzt all Ihre kleinen Gesten, die ihm Mut machen. Er hat gar nichts dagegen, wenn Sie ihn ein wenig locken und die Femme fatale oder den großen Draufgänger mimen. Optische Reize machen ihn an. Das kann eine Spitzenbluse sein, bei der der Busen durchschimmert, aber auch eine enge Jeans, die einen hübschen Po betont. Zeigen Sie ruhig ein wenig, was Sie haben, und locken Sie ihn somit aus seiner Reserve. Ganz Mutige treffen ihren Fisch in der Sauna!

Der erotische Traum – die erste Liebesnacht

Lassen Sie sich fallen in eine Woge von Gefühlen und geben Sie diesem schicksalhaften Impuls nach. Der Fisch mit seinen herrlich verträumten Augen muss in Ihre Arme sinken. Die unausweichliche Welle reißt Sie mit und lässt Sie nicht anders handeln. Nur zu gerne lässt auch der Fisch sich von seinen Emotionen überwältigen und gibt einfach nach. Natürlich gibt es eine Menge charmanter Verführer unter den Fischen, doch sie verstehen es blendend, ihrem Partner das Gefühl zu geben, man hätte sie gelockt.

Die erste Begegnung mit einem Fisch ist geprägt von Zärtlichkeit, denn er versteht es blendend, sich intuitiv auf die Bedürfnisse des Partners einzustellen. Feine, kleine Berührungen sind seine Spezialität und werden leicht zu Fesseln der Liebe. Sex ist für ihn etwas Geheimnisvolles und er versinkt mit Ihnen in einem Rausch der Sinne. Doch der Körper allein reicht ihm nicht aus, der Akt der Liebe ist zugleich auch eine spirituelle Begegnung, der Austausch zweier Seelen. Peitschen und Lackstiefel lässt er in der Rumpelkammer, denn das entspricht nicht seinen liebevollen, zärtlichen Vorstellungen. Wenn Sie ihn wirklich beeindrucken wollen, sollten Sie deshalb auch auf allzu ungewöhnliche Forderungen verzichten. Er möchte seine Lust genießen, doch er ist ein wenig bequem. Schweißtreibende Exzesse überlässt er anderen.

Man merkt bei ihm schnell, ob es ihn nach einer Liebesnacht wirklich erwischt hat. Meldet er sich innerhalb der nächsten zwei Tage nicht per Telefon oder schickt er Ihnen keinen Blumenstrauß, dann haben Sie ihn nicht wirklich an der Angel.

Frische Impulse für Dauerbeziehungen

Träume sind dazu da, verwirklicht zu werden! Der Fisch lebt in einer nicht ganz alltäglichen Welt und braucht einen Menschen, der seine spirituellen Bedürfnisse versteht. Er möchte sich mitteilen und doch schweigen. Lernen Sie, zwischen den Zeilen zu lesen, denn Ihr Fisch wird sich nicht gerne direkt äußern. Natürlich kann man mit ihm über Gott und die Welt diskutieren, doch seine geheimen Wünsche und Vorstellungen behält er gerne für sich und deutet sie bestenfalls an. Er ist und bleibt eben ein Mysterium. Fische tauchen einfach gerne ab, und wer nicht verstehen kann, dass sie auch mal drei Tage verschwinden wollen, ohne zu sagen, was sie machen, der muss sich einen anderen Partner suchen.

Und trotzdem brauchen Fische-Menschen einen starken Partner, der ihnen im Lauf der Jahre immer wieder den Rücken stärkt, denn nur zu gerne hängen sie mal durch und verlieren den Glauben an sich selbst. Während dieser „Sinnkrisen" verbrauchen sie meist tonnenweise Streicheleinheiten und Zärtlichkeit. Berührungen und zarte Massagen liebt der Fisch, man sollte auch nicht den Fehler machen und dabei immer gleich an Sex denken. Streicheln Sie ihn einfach nur und überlassen Sie es ihm, ob er mehr will. Im Zusammensein mit einem Fisch muss man Einfühlungsvermögen entwickeln. Drängen sollte man den Fisch niemals, auch nicht bei seiner Karriere, denn wenn er sich zu etwas gezwungen fühlt, kann es vorkommen, dass er durch die Maschen des Netzes schlüpft und auf Nimmerwiedersehen verschwindet. Zeigen Sie ihm also, dass Sie seine Anwesenheit nicht als Selbstverständlichkeit hinnehmen, sondern sich freuen über jeden neuen Tag des gemeinsamen Glücks.

Die Traumpartner in Liebe und Sex

Fische – Widder: Die Energie des Widders ist dem Fisch einfach zu viel. Der Fisch möchte zärtlich verwöhnt und langsam entblättert werden und nicht auf dem Boden oder dem Küchentisch landen. Harte Sachen sind nichts für ihn, er ist ein Sensibelchen und das möchte er auch bleiben. Vielleicht können die beiden trotzdem etwas voneinander lernen.

Fische – Stier: Der Stier ist süß und vorsichtig genug, um den Fisch nicht zu überrumpeln. Er ist zwar ein Realist, der mit den phantasievollen Stimmungen des Fischs wenig anfangen kann, andererseits fühlt er sich von dessen kapriziösem und künstlerischem Wesen angezogen. Auch die gegenseitigen körperlichen Schwingungen gleichen einem Magnet.

Fische – Zwillinge: Vielleicht werden beide nie wissen, mit wem sie es eigentlich zu tun haben, denn phantasievolle Geschichten sind ihre Stärke. Eine verschleierte Angelegenheit. Selbst wenn man sich in totaler körperlicher Verschmelzung befindet, wird die seelische Distanz doch nur schwer zu überwinden sein, denn der Zwilling ist eher unverbindlich, während der Fisch für seine Tiefgründigkeit bekannt ist.

Fische – Krebs: Im großen Märchenland der Liebe finden sie wie zwei Kinder zusammen. Man verzaubert sich mit Liebesgeflüster und romantischen Stimmungen. Der Krebs findet den geheimnisvollen Fisch sehr sexy und wird sich bald sicher sein, dass dies eine Liebe für das ganze Leben sein könnte.

Fische – Löwe: Der Fisch ist ein ätherisches Wesen mit spirituellen Kräften, der Löwe ein lustvoller Selbstdarsteller. Und doch kann der Löwe dem Fisch energisch zur Seite stehen, ihn sehr gut motivieren und wenn es sein muss auch beschützen. Die kraftvolle Erotik des Löwen ist dem Fisch jedoch manchmal einfach zu viel und er entzieht sich dann.

Fische – Jungfrau: Die Jungfrau wird in das verworrene Leben des Fischs erst einmal System bringen wollen. Entweder macht ihn das an, weil er endlich all diese unangenehmen Kleinigkeiten vergessen und sich auf Wesentlicheres konzentrieren kann, oder er taucht erschrocken ab, denn er findet, dass das Chaos auf seinem Schreibtisch nur ihn etwas angeht. Sex unter der Dusche oder im Duftbad ist für diese beiden im Übrigen der Hit.

Fische – Waage: Die Stimmungen der Waage sind nicht gerade stabil. Auch der Fisch hat mit seinen Launen zu tun, und wenn beide gerade in so einem Tief stecken, kann es unangenehm werden. Auf kreativer Ebene haben sie sich aber viel zu geben. Ein Kunstprojekt, kulturelle Interessen und eine kleine Affäre, aber bitte keinen Alltag.

Fische – Skorpion: Die mysteriöse Aura des Skorpions interessiert den Fisch zutiefst, denn dieser geheimnisvolle Individualist hat magische Kräfte. Diesem Typ kann und will der Fisch nicht widerstehen, er muss sich mit ihm in eine heiße Liebesgeschichte stürzen. Keinen findet der Fisch besser, der Skorpion ist der ultimative Sextraum.

Fische – Schütze: Der Fisch braucht eine zärtliche Hand und einen wissenden Liebhaber, um zu erblühen. Der frivole Schütze kann dem zurückhaltenden Fisch nicht ganz folgen. Auf kameradschaftlicher Ebene wird es funktionieren. Liebesbeziehungen werden jedoch in der Regel für beide nicht den erhofften Effekt bringen.

Fische – Steinbock: Der Steinbock bietet Sicherheit und Orientierung. Doch der kapriziöse Fisch will mehr. Liebe ist schließlich ein großes Geheimnis und nicht die Abfolge einiger mechanischer Tricks. Der Steinbock neigt dazu, im Bett ein Programm abzuspulen, doch was der Fisch braucht, sind phantasievolle Impulse.

Fische – Wassermann: Der Wassermann ist so herrlich modern und immer gut gelaunt. Der Fisch verliebt sich leicht in diesen freiheitsliebenden Typ, denn er muss bei ihm nicht gleich Farbe bekennen. Doch gerade weil man sich nicht einengt, sucht man sehr schnell eine vertraute Nähe. Erotischer Gleichklang ist ein weiteres Argument für diese Kombination.

Fische – Fische: Irgendwo zwischen Traum und Phantasie wird diese Begegnung stattfinden und für beide das echte Paradies oder ein niemals endendes Chaos bedeuten. In den Tiefen eines Ozeans von Gefühlen könnten sie sich jedoch verlieren, unfähig, die Realität wahrzunehmen und zu akzeptieren. Ein riskantes Spiel mit verschwommenen Konturen.

MARS – SYMBOL FÜR
ANTRIEB UND SEXUELLE ENERGIE

Um eine vollständige Vorstellung von Ihrer persönlichen Veranlagung in erotischer Hinsicht zu erhalten, ist es auch wichtig zu wissen, in welchem Tierkreiszeichen sich der Planet Mars zum Zeitpunkt Ihrer Geburt befand. Mit Hilfe der Tabelle ab Seite 128 können Sie das schnell herausfinden (die Erläuterung zur Tabelle finden Sie auf Seite 127). Mars symbolisiert in der Astrologie die Durchsetzungs- und Tatkraft, den Antrieb und die sexuelle Energie eines Menschen.

Mars im Widder

Geist, Seele und Körper sind bei diesen Menschen stets wach und erregbar. Sie sind voller Temperament und Eroberungslust, oft ohne auf die Konsequenzen zu achten, weil sie einen raschen Erfolg anstreben und schon neue Opfer anpeilen, bevor sie das jetzige erlegt haben. Das zieht Konflikte, aber auch Missverständnisse nach sich. Wenn sie sich dann uneinsichtig zeigen, schaffen sie sich Feinde. Nur schwer gelingt es ihnen, ihre überschäumende Tatkraft in nutzbringende Bahnen zu lenken, würde da nicht die Notwendigkeit nachhelfen.

Sie sind bestimmt keine Mauerblümchen. Sie warten nicht ab, bis man sie anspricht. Und wenn die Sprache der Augen nicht reicht, gehen sie auch dicht heran und taxieren ihr Opfer nach seinem Verhalten. Manchmal können sie auch „handgreiflich" werden. Angst vor Zurückweisung kennen sie nicht, denn es gibt vieler Mütter Kinder, denen es willkommen ist, von ihnen betreut zu werden. Sex muss bei ihnen kraftvoll sein und hat auch eine kämpferische Note. Als idealen Liebespartner erträumen sie sich einen vitalen, unternehmungslustigen Typen, unkompliziert und aktiv.

Mars im Stier

Diese Menschen betrachten ihre Familie als Besitz. Solange sie keine haben, arbeiten sie daran, eine aufzubauen. Ihr Interesse gilt überhaupt dem Anhäufen von Besitz, worunter selbstverständlich auch die Partnerwahl fällt. Sie sind schwer entzündbar, aber wenn sie explodieren, dann knallt's im Zorn wie in der Lust. Und wenn sie mit dem Kopf durch die Wand wollen, bleibt Widerstand zwecklos; die Wand muss weichen. Was das erotisch bedeutet, malen Sie sich lieber selbst aus.

Sie können sich unsterblich verlieben, wenn ein Partner sich ihnen verweigert. Von einer Zurückweisung lassen sie sich nicht beirren, sie setzen auf das Sprichwort „Steter Tropfen höhlt den Stein". Es schmerzen sie dabei weniger ihre unerwiderten Gefühle als die verletzte Eitelkeit. Haben sie ihr Ziel erreicht und einen Partner heimgeführt, dann würden sie ihn am liebsten unter eine Glasglocke setzen und wundern sich, wenn er einen eigenen Willen hat.

Mars in den Zwillingen

Menschen mit dieser Marsstellung sind vor allem geistig aktiv, und ihr Einsatzeifer für neue Ideen ist bekannt. Sie kämpfen gern mit Worten, haben eine Vorliebe für heiße Diskussionen und schätzen den kritischen Widerstand, ohne um jeden Preis recht behalten zu wollen. Der

Nachteil ist: Sie haften schwerlich an einem Thema, denken viele Probleme nur an und zeigen sich in einer Partnerschaft an gemeinsamen Problemen oft nur oberflächlich interessiert. Es sei denn, es geht ihnen ans Leder; dann sind sie Meister der raschen Entschlüsse und der Patentlösungen.

Sie lieben es zu tändeln und unverbindlich zu flirten, deshalb werden sie von den meisten Menschen für etwas oberflächlich und leicht zugänglich gehalten. Das darf aber nicht über ihre Sehnsucht nach Tiefe und Vertrauen hinwegtäuschen. Das Dumme ist nur, dass sie nicht genug dafür tun, dieses Verlangen durch aktive Partnersuche zu erfüllen. Es kann ihnen niemand recht machen, und unversehens sind sie ewige Singles, wenn sie sich nicht vorher nach dem Motto „Augen zu und durch" ins Wagnis stürzen. An einem Partner, mit dem sie sich frei unterhalten können, ist ihnen sehr gelegen. Erotischer Lektüre und munteren Gesprächen über dieses Thema sollten sie sich nicht verschließen.

Mars im Krebs

Sie reagieren gefühlsbetont, und ihre wechselhaften Empfindungen und Ziele machen sie nicht gerade zu zuverlässigen Partnern. In kritischen Fragen sollten sie sich darum fremder Hilfe anvertrauen. Selbst bei sehr persönlichen Entscheidungen überlassen sie die Führung oft lieber dem Partner. Sie fressen aber auch vieles in sich hinein.

Werden sie anfangs wegen ihrer Geradlinigkeit bewundert und geliebt, so kann ihr Eigensinn sich bis zur Sturheit auswachsen und der Zuneigung ihrer Partner gefährlich werden. Da sie oft nicht wissen, was sie wollen, und dann mit sich im Streit liegen, weiß der Partner meist nicht, woran er ist und ob sie überhaupt noch am Kontakt interessiert sind. Deshalb sollten Menschen mit dieser Marsstellung ihre Schranken durchbrechen und darüber sprechen, was in ihnen vorgeht, bevor es (für die Partnerschaft) zu spät ist.

Mars im Löwen

Mit ihrem Führungsanspruch und ihrem demonstrativen Selbstvertrauen stellen sich diese Menschen gern ins Rampenlicht. Sie verfügen über viel Energie, Willenskraft und eine kreative Begabung, vielleicht auch über schauspielerisches Talent, wenigstens im täglichen Leben und beim Liebesspiel. Sie sind dabei nicht immer überzeugend, aber meist doch überwältigend, und das reicht ihnen, um sich bestätigt zu fühlen. Manches Mal sollten sie sich aber zurücknehmen. Es gelingt ihnen nicht immer, sich durchzusetzen. Da sie Niederlagen schwer ertragen, sollten sie größere Risiken lieber ausschließen.

„Auf in den Kampf, Torero!" könnte ihr Motto im Umgang mit Liebespartnern sein, doch werden sie lange warten müssen, bis sie einen Partner finden, der ihnen ebenbürtig ist. Stolz wie ein Pfau spreizen sie ihre Federn und vertrauen auf ihre Ausstrahlung in der Erwartung, dass ihnen die Welt zu Füßen liegt.

Mars in der Jungfrau

Ihr kritischer Verstand kommt den Gefühlen dieser Menschen im Liebesleben leicht in die Quere. Sie haben ein handwerkliches Geschick, das in Haus und Garten nützlich ist; für Aufgaben, die Präzision und Geduld verlangen, sind sie wie geschaffen. Ihre Aktivitäten sind auf

Ordnung und System ausgerichtet; was unbeschwerte Sexualität eher verhindert, weil sie das Geschlechtsleben nicht zelebrieren, sondern mit Seife, Deo und Intimspray sowie mit der Zensur in ihrem Kopf entmystifizieren. Sie sollten ihre scharfe Zunge hüten und ihre Neigung mäßigen, unbedacht zu kritisieren!

Bei allem, was den Umgang der Geschlechter miteinander betrifft, ist ihr Verstand im Spiel. Im Extremfall werden sie eigene und fremde Gefühle zerpflücken, jede Geste, jeden Blick interpretieren, ja sogar mit einem Lehrbuch an die Sexualität herangehen. Auch wenn das nicht für jede(n) mit dieser Marsstellung zutrifft – ist nicht ein bisschen Wahrheit dran? Spontanes Handeln muss man hier lernen, egal wie. Ein unbefangener Partner, der auch einmal fünf gerade sein lässt, kann dabei behilflich sein.

Mars in der Waage

Diese Menschen wollen sich gern in eine Gemeinschaft einbringen, gemeinsam etwas unternehmen. Manchmal sind sie unlustig, wirken launisch und werden ungehalten, aber nie böswillig. Ungerechtigkeit dulden sie nicht, schon gar nicht von Nahestehenden. Mancher wundert sich, wie sie ihren Stolz selbstverständlich zur Schau tragen, ohne persönlich besondere Leistungen erbracht zu haben. Wird daran gerührt, reagieren sie empfindlich bis wütend. Vor klaren Entscheidungen drücken Sie sich nur zu gern und sitzen das Problem aus, bis es sich von selbst löst. Wenn sie damit nicht durchkommen, korrigieren sie die Wirklichkeit eben in ihrem Kopf.

Im Umgang mit ihren Partnern erfreuen sie sich der Wirkung, die ihr Charme und ihre Lebensart ausüben. Sie treten gern galant und charmant auf, als Verführer, die sich scheuen, einen Partner bloßzustellen. Schwierig wird es aber mit ihnen, wenn sie mit ihrem reichen Repertoire an „Werbeverfahren" nicht erreichen, was sie sich vorgestellt haben. Der Versuch, ihr Problem mit einem Wutausbruch zu lösen, muss fehlschlagen, wenn sich die Partner durch solche Verhaltensweisen nicht einschüchtern lassen. Und das wäre ja auch Gift für die Beziehung, denn Unterworfene verlieren erst ihr Interesse und dann ihren Beistand.

Mars im Skorpion

Ihr Gefühlsleben ist lebhaft und heftig, ihr Mut waghalsig. Sie gehen gern unerschrocken aufs Ganze. Probleme lassen sie oft unbearbeitet und führen sie so am Ende einer gewaltsamen Lösung zu. Sorgen anderer Menschen interessieren sie selten, es sei denn, sie wollen etwas von ihnen. Aber auch dann darf man nicht auf ihr Verständnis hoffen. Im partnerschaftlichen Konflikt neigen sie zu Liebeserpressung, Eifersucht – die sie nach Kräften zu verbergen suchen – und Fremdgehen als Bestrafung für Nichtbeachtung.

Oft verspüren sie einen unwiderstehlichen Drang zu Spontanhandlungen, natürlich auch im Intimleben. Sie sind reich an erotischen und sexuellen Impulsen. Was andere Menschen in ihrer Phantasie abreagieren, leben sie nach Möglichkeit aus, ja es verstärkt noch ihr Begehren. Von ihrer Selbstkontrolle und von der Partnerwahl hängt es ab, wie sie ihre Leidenschaft befriedigen. Sie brauchen einen sexuell aktiven Partner, der sich von ihren wechselnden Stimmungen nicht schrecken lässt. Auf keinen Fall darf er so zartfühlend und empfindsam sein, dass sie ihn mit ihrer Leidenschaft zermalmen. Er sollte einiges aushalten. Darauf sollten diejenigen mit Mars im Skorpion achten, wenn sie ihre Köder auslegen!

Mars im Schützen

Das Selbstbewusstsein dieser Menschen beruht auf der Bedeutung, die sie den großen Fragen der Existenz beimessen. In einer gewissen Weise, so glauben sie, stehen sie über den Dingen und dem rastlosen Treiben der Menschen. Ihre eigene Triebhaftigkeit nehmen sie nur selten zur Kenntnis. Mit der Sexualität ist für sie, so empfinden sie, stets ein höheres philosophisches oder religiöses Ziel verbunden. Ihre Aktivität geht mehr in die Breite als in die Tiefe. Sie lassen sich lieben. Ist ja auch bequemer! Und es legt einen ja auch nicht so schnell fest! Freiheit lautet ihre Devise; mit Gleichheit und Brüderlichkeit haben sie keine Probleme, solange sich das Schlagwort zu ihren Gunsten auslegen lässt.

Sie leben gern aus dem Vollen und teilen ungern; lieber genießen sie wie ein König besondere Privilegien im Geschäfts- und Liebesleben. Von dem, was sie besitzen, geben sie zwar manches gern freiwillig her, es muss bloß übrig sein, nicht unbedingt überflüssig. Sie können nämlich alles gebrauchen. Deshalb sammeln sie auch mehr an, als sie selbst nötig haben. Das gilt für Geld- und Sachwerte ebenso wie für Mitarbeiter und erotische Gespiel(inn)en. Da sie sich aber nicht gern überfordert sehen, bleiben viele ihrer Wünsche der Phantasie überlassen, wo sie erstaunlich bunte, üppige Blüten treiben.

Mars im Steinbock

Menschen mit dieser Marsstellung gehen mit Tatkraft und großem Ehrgeiz an jede Aufgabe und geben nicht so schnell auf. Ihre Ausdauer ist unerschütterlich, solange konkrete Erfolge zu erwarten sind.

In der Sexualität steht die Leistungsforderung im Vordergrund und zwingt sie mitzuhalten. Je nach ihrem Selbstvertrauen werden sie sich darin bestätigen oder gehemmt auf die eigene Lust oder auf den ganzen „Schweinkram" verzichten. Allerdings sind sie einem Menschen, der sie richtig anfasst, aus unterbewusster Dankbarkeit und bewusster Überzeugung treu.

Man kann nicht gerade sagen, dass sie von sexueller Leidenschaft geplagt würden. Ihr Liebesleben verläuft in eher ruhigen Bahnen, wenn es nach ihnen geht. Anfangs führt sie die Neugier voran, dann die Gewohnheit oder die Einsicht, dass Sexualität nicht verdrängt werden darf. Unter dem Leistungsaspekt können sie es bei der Befriedigung ihres Partners zur Meisterschaft bringen und ihrer eigenen ruhig entbehren. Der Verkehr wird dann nicht selten unter dem Grundsatz geduldet: „Augen zu und durch!". Ein einfühlsamer Lehrmeister, der ihre psychische Mauer niederreißt, ist ihnen zu wünschen.

Mars im Wassermann

Jemand mit dieser Mars-Stellung agiert eigenwillig und unabhängig in Fragen der Partnerschaft, aber auch sonst. Es ist fast unmöglich, ihn zu lenken oder gar zu kommandieren. Ein Impuls zum spontanen Handeln kann ihm ebenso Unglück bringen wie das große Glück, genau wie im Roulette. Und das fordern diese Menschen heraus, gleichgültig, ob sie die eigene oder eine fremde Partnerschaft zerstören. Sie wollen in allem das Neue und wissen, dass Altes dabei zu Bruch geht. Es gibt Zeiten, in denen sie die Hemmungen, die sie von der Verwirklichung solcher Antriebe abhalten, über Bord werfen und sich interessiert dabei zuschauen, als täten sie das alles nicht selber.

Sicher, sie sind nicht grundsätzlich unmoralisch, doch in Fragen der Sexualmoral folgen sie nicht dem Katechismus. Außergewöhnlichen Menschen, meinen sie, stehen außergewöhnliche Rechte zu. Und wenn man dann zugrunde geht, hat man das Leben wenigstens genossen. Zur Beruhigung sei hier gesagt: Es muss nicht bei jedem so extrem sein.

Mars in den Fischen

Die starken untergründigen Emotionen dieser Menschen gefährden ihr inneres Gleichgewicht und füllen ein Fass an verdrängten Gefühlen, das stets überzulaufen droht. Doch sie greifen nur selten zur Tat und ergeben sich lieber der Depression oder zielloser Aktivität. Sie grübeln viel über Versäumnisse und eigene Fehler nach, und es kann passieren, dass sie, zur großen Überraschung ihrer Mitmenschen, ihrem Unmut erst nach Jahren Luft machen.

Sie sind manchmal ängstlich und denken bei ihrer Furcht, abgewiesen und in ihrer Achtung verletzt zu werden, oft, der oder die andere sollte den Anfang machen. Wenn sie sich dann doch einmal aus sich heraustrauen und auch noch Erfolg haben, dann sind sie selbst am meisten überrascht. Dass sie meist an Partner geraten, die sich mehr Schwung von ihnen versprechen, als sie aufbringen können, quittieren sie mit Nichtbeachtung und konstantem Schweigen. Die meisten Eroberungen spielen sich unter starker Gefühlsbeteiligung in ihrem Kopf ab. Schade, denn sie könnten manchen Partner aufmuntern.

Venus – Symbol für Sinnlichkeit, Verführung und Genuss

Während Mars Durchsetzungs- und Tatkraft sowie die sexuelle Energie symbolisiert, zeigt Venus die Art und Weise an, wie sich ein Mensch hingibt, die Liebe genießt und die schönen Dinge des Lebens umsetzt. Auch zeigt sie unser Schönheitsempfinden an und das, was wir als attraktiv und anziehend empfinden. Venus ist der Liebesplanet schlechthin und ihre Stellung sagt etwas darüber aus, welche Art von Liebe wir uns erhoffen. In welchem Tierkreiszeichen sich Venus zum Zeitpunkt Ihrer Geburt befand, können Sie mit Hilfe der Tabelle ab Seite 132 schnell herausfinden (die Erläuterung zur Tabelle steht auf Seite 127).

Venus im Widder

Hier prägen Kraft und Willensstärke das Schönheitsideal. Diese Menschen bringen ihre Gefühle stürmisch und selbstbewusst zum Ausdruck, manchmal auch mit etwas Härte. Leidenschaftlichkeit im Geben und im Nehmen erhält ihre Liebe, die sie sich ohne Sexualität gar nicht vorstellen können. Routine finden sie allerdings tödlich und suchen darum Stellungs- und Tapetenwechsel, um für den Partner attraktiv zu bleiben.

Ihr Idealbild ist der selbstbewusste, attraktive Partner von herber Schönheit, eher sportlich als verspielt. Er muss auch schon mal einen Knuff vertragen und mit ihnen, bildlich gesprochen, in den Ring steigen und bestrebt sein, sie unterzukriegen.

Venus im Stier

Nur wenige können ihr Leben, ihren Körper und den einer fremden oder vertrauten Person so auskosten wie ein Mensch mit dieser Venusstellung. Sie müssen es nur zulassen! Sie lieben Bequemlichkeit, Genuss und Luxus, haben einen Hang zum guten Essen, bevorzugen eine schöne Umgebung. Wenn Kunst ihren Preis hat, pflegen sie auch künstlerische Ambitionen. Sie nehmen das Angenehme mit allen Sinnen auf: Augen, Ohren, Nase, Zunge und Haut.

Ein Partner muss für sie ein Fest der Sinne sein: gut anzuschauen, angenehm duftend, anmutig in seinen Bewegungen und willfährig, ein Kunstwerk zum Anfassen, ein ästhetisches Erlebnis. Dafür lassen sie alles andere fahren. Wenn sie einen solchen Partner finden und er sich ihnen öffnet, kann er sie um Kopf und Kragen bringen.

Venus in den Zwillingen

Ihr Liebesleben geht einher mit Kunstverstand, wobei der Begriff „Kunst" weit zu fassen ist. Diese Menschen machen aus allem eine Kunst. Zweckmäßigkeit ist für sie immer mit Schönheit verbunden. Die Sprache ist für sie mehr als ein Mittel der Verständigung; sie vermittelt Gefühle und entschleiert verborgene Motive. Sie werden sich gern über Liebesbriefe oder Liebesgeflüster verständlich machen. Sinn für Musik, für Melodik und Rhythmus ist vorhanden, für Tanz wahrscheinlich auch.

Satte, heiße, vital fordernde Sexualität ist ihnen fremd, brutale zutiefst verhasst. Sie fühlen sich angezogen von einer heiteren Wesensart, ausdrucksvollen Bewegungen und gut formulierten Gedanken. Partner mit dieser Wesensart sind jedoch dünn gesät. Wenn sie einer solchen Ausnahmeerscheinung doch begegnen, ist er nicht selten schon gebunden. Da ihre Gefühle in zwei Welten daheim sind, können sie sich aus der Wirklichkeit in die Phantasie retten, die manchmal mehr Befriedigung für sie bereithält als die Wirklichkeit.

Venus im Krebs

Kaum jemand ist so empfänglich für Gefühle, so weich und so verletzlich wie diese Menschen. Auch ihr Geschmack, ihr Sinn für Schönheit kann schnell beleidigt werden. Haben sie jemanden gefunden, der sie und ihre Lebensart akzeptiert, dann halten sie an ihm oder ihr in Liebe oder in Freundschaft fest. Sie ziehen sich gern allein oder mit wenigen vertrauten Menschen zurück und lieben ein gepflegtes und gemütliches (das heißt von ihrem Gemüt geprägtes) Zuhause.

Gemütlichkeit bedeutet für sie weitgehend Bequemlichkeit, und Liebe heißt für sie miteinander vertraut sein, versorgen und versorgt werden. Sie sind ihrem Partner gern zu Diensten, aber es sollte nicht mit allzu viel körperlicher Anstrengung verbunden sein. Auf der Couch liegen, Zeitung lesen oder fernsehen ist ihnen nach kurzer Zeit lieber, als neue Positionen mit dem Partner auszuprobieren.

Venus im Löwen

Es fällt schwer, diese Menschen zu übersehen; dafür sorgen sie schon. Sie sind großzügig, anderen herzlich zugetan, schätzen das Leben im

Rampenlicht, feiern liebend gern rauschende Feste, die sie auch für andere ausrichten. Nur abseits stehen, das können sie schlecht. Deshalb drängeln sie sich notfalls vor und lieben es, mit Gefolge aufzutreten. Wer sie missachtet, bekommt ihre Klaue zu spüren oder ihre Verachtung, und die kann eisig sein, wenngleich würdevoll. Was man kaum glaubt: Sie mögen andere Menschen nicht leiden sehen und sind sehr hilfsbereit.

Konkurrenz ertragen sie äußerst schwer. Erwiesene Überlegenheit erkennen sie aber neidlos an und versuchen, wenigstens Zweite(r) oder die graue Eminenz zu werden. Deshalb versuchen sie, überall mitzumischen und wenigstens, wie man sagt, die Kerze zu halten, wenn sie schon nicht selbst drankommen. Sie ersehnen sich einen herzlichen, unkomplizierten Partner, der zu ihnen hält, den sie aber auch herzeigen können.

Venus in der Jungfrau

Die Dinge, die für diejenigen mit dieser Venusstellung einen praktischen Wert haben, sollen zugleich schön sein. Menschen, die sie lieben, müssen ihnen in gewisser Weise nützlich sein. Sie lernen eifrig und erstreben in allem Perfektion, auch im Liebesleben, wenngleich manche ihrer Aktionen und Reaktionen etwas Nüchternes, Automatisches annehmen mögen. Liebe und Schönheit analysieren sie kritisch und vereiteln damit nicht selten die Bemühungen mancher Menschen um ihre Zuneigung oder Freundschaft. Ihre Gefühle werden meistens vom Verstand zensiert, bevor sie sich trauen zu reagieren. Kopflose Leidenschaft, sei es ihre eigene oder die eines Partners, fürchten sie argwöhnisch. Sie lassen sie, wenn überhaupt, nur zu, wenn sie sich davon etwas versprechen können.

Ihr Interesse an sexuellen Empfindungen und Praktiken entspringt eher einer wissenschaftlichen Neugier, als dass sie etwas suchen, womit sie ihrem Sexualleben auf die Sprünge helfen könnten. Und da ist ja noch ihr Perfektionsdrang, der natürlich auch vor diesem Thema nicht Halt macht. Selbst ein erfahrener Partner bringt bei ihnen wenig in Bewegung. Allenfalls versuchen sie einen guten Eindruck zu hinterlassen, um nicht für prüde gehalten zu werden.

Venus in der Waage

Auf Harmonie im Zusammenleben bedacht, mit ästhetischen Interessen, gehen diese Menschen Auseinandersetzungen gern aus dem Weg. Sie wollen einfach ihren Frieden und sehen nicht ein, weshalb sie sich streiten sollten. Dabei vertrauen sie auf ihr diplomatisches Geschick, können aber durch eigene Fehler bei Menschen, die es genauer nehmen als sie, Streit herausfordern und dauerhaft Unfrieden stiften. Sie lieben schöne Dinge und Menschen, Schmuck und Kunst, legen Wert auf stilvolle Kleidung und gute Manieren, lassen sich aber aus Bequemlichkeit zu Hause oft richtig gehen.

Entbehrungen und Enttäuschungen ertragen sie in der Regel nur schlecht. Sie möchten es immer gut haben, möchten beliebt sein, ja sogar um ihrer bloßen Existenz willen verehrt werden. Das betrachten sie als ihr gutes Recht und beklagen sich, wenn sie etwas dafür tun müssen. Wenn sie ihren geistigen und kulturellen Interessen nachgehen und sich großzügig geben können, wenn ihr Partner genügend finanzielle und sexuelle Power hat, können sie es durchaus mit ihm aushalten. Nur darf er nicht zu häuslich sein, denn sie sind gern „auf dem Sprung". Sie bewegen sich gern und gekonnt auf dem gesellschaftlichen Parkett und brauchen verschiedenartige Kontakte, um sich wohl zu fühlen.

Venus im Skorpion

Ihr Lebensweg ist durch Leidenschaft und Abenteuer markiert. Sie lieben das Risiko und fordern gern das Schicksal heraus. Zum Glück können sie noch aus einer Niederlage das Beste herausholen. Ihr Recht verteidigen sie mit Zähnen und Klauen, sogar mit Unrecht. So wie für sich selbst können sie für all jene kämpfen, die ihnen am Herzen liegen. Körperliche Harmonie und Schönheit können sie fesseln, aber sie zeigen ihre Gefühle selbst denen nicht, die sie lieben. Stets sind sie in Verteidigungshaltung, so verletzlich ist ihr Selbstwertgefühl.

Erotik hat für sie viel mit Verführung, Sexualität viel mit Kampf zu tun. Widerstand reizt sie zur Überwältigung. Besitzergreifend und von Natur aus eifersüchtig pochen sie auf das, was sie für ihr Recht halten. Es wäre ihnen ein Partner zu gönnen, der sie lehrt, Zärtlichkeit zu empfangen, geduldig zu sein, um nicht schneller, sondern besser ans Ziel zu kommen. Freilich müsste er schon ein beachtliches Repertoire an erotischer Technik in die Beziehung einbringen und dann nur noch für sie da sein.

Venus im Schützen

Diese Menschen glauben oft, sie könnten ihr Leben nach geistigen Idealen einrichten, doch damit überziehen sie den Anspruch an sich selbst. Körperlichen Anstrengungen gehen sie gern aus dem Weg. Moral ist ihnen wichtig, aber sie handhaben sie nach eigenen Regeln, die ihnen Halt und Sicherheit verleihen, wenn sie auf Abwegen sind.

Sie erstreben Freiheit, und die Enge des häuslichen Lebens geht ihnen auf den Geist.

Nur aufmerksame Beobachter bemerken, dass sie hinter ihrer Maske von Selbstsicherheit und Jovialität ständig Selbstbestätigung suchen. Ihre erotische Phantasie lässt sie auch dann nicht im Stich, wenn sie sich sexuelle Abenteuer verkneifen. Sie schätzen die große Geste, das anregende Arrangement einer Liebesstunde bzw. -nacht oder -woche in Urlaubsatmosphäre. Ein abenteuerlustiger Partner, der ihnen das ermöglicht, trifft bei ihnen ins Schwarze.

Venus im Steinbock

Menschen mit dieser Venusstellung geben sich selbstbewusst, sind aber im Grunde misstrauisch reserviert. Es fällt ihnen nicht leicht, ihre Gefühle und ihre Zuneigung offen zu zeigen. Sie halten das vielleicht für würdelos und unschicklich. Wenn sie ihr Herz an ältere Partner verschenken, dann wegen ihrer Reife und Erfahrung, von der sie sich Sicherheit und Verständnis erhoffen. Auch gesellschaftliche oder geschäftliche Rücksichten spielen bei der Partnerwahl eine Rolle. Nicht zuletzt kommen sie mit Partnern aus, die konträre Meinungen und andere Gewohnheiten im Leben und im Bett haben. Man respektiert sich.

Natürlich haben auch sie sexuelle Bedürfnisse und sehnen sich nach Zärtlichkeit und Leidenschaft. Nur bleibt dafür oft wenig Zeit, wenn die Berufsroutine oder Haushalt und Kinder an den Nerven zehren. Sie gehören aber zu den Menschen, die Sex und Liebe zu trennen wissen, das Verlangen nach sexueller Erregung und Befriedigung unterdrücken oder auf geheimen Wegen befriedigen. Sie sollten sich Schuldgefühle ersparen, wenn sie ihren Regungen nicht widerstehen.

Venus im Wassermann

Diese Menschen fühlen sich als Vertreter eines neuen Verständnisses von Liebe und meinen damit oft nur die unbefangene Einstellung zur Sexualität. Aber sie ist ihnen nicht alles, nur eine der Freuden, die das Leben bietet. Unkonventionell und spontan, wie sie sind, können sie jeden vom Hocker hauen. Sie möchten mit jedermann gut Freund sein, lassen aber kaum jemanden eng an sich heran. So umwerfend ihr Charme jedoch ist, so sehr beunruhigt und verunsichert er diejenigen, die ihnen nahe kommen wollen.

Von ihren zuweilen häufig wechselnden Partnern weiß keiner so recht, woran er mit ihnen ist. Und sie scheinen das noch zu genießen! Mit ihrer eigenen Unschlüssigkeit machen sie sich noch interessant. Das Spiel mit den Herzen und den sexuellen Wünschen ihrer Partner macht ihnen Spaß; bis zuletzt warten sie, bis sie ihren Trumpf ziehen – oder auch nicht. Nach Lust und Laune gehen sie mit oder ziehen sich zurück. Doch leicht geraten sie auch an einen Partner, dem es selbst Spaß macht, Katz und Maus zu spielen; aber das ist ihnen dann wieder gar nicht recht.

Venus in den Fischen

In der Liebe haben diese Menschen, wie sonst im Leben, einen Hang zu Träumerei und Romantik und eine tiefe Empfindung für Schönheit und Ästhetik. Sie können sich schnell in ihre eigenen Gefühle verlieben und das mit Liebe zu einem Menschen verwechseln. Ihre Fähigkeit, sich Illusionen hinzugeben, führt sie aber, wenn sie diszipliniert wird, zu feinem Kunstsinn oder, bei geringer Disziplin, zur Freude an Kitsch und kitschigen Gefühlen. Auch das tiefste Leid können sie noch auf mystische und geradezu masochistische Weise genießen.

Die Gefahr, (fälschlicherweise!) als Weichling verschrien zu werden, ist ihnen seit der Kindheit gegenwärtig. Nur sensible Partner, die sich auf die Suche nach dem Kern ihres Wesens machen, erkennen ihren ästhetischen Anspruch an das Leben, die Liebe und die Sexualität. Dennoch sollten diejenigen mit Venus in den Fischen sich nicht der Illusion hingeben, sie hätten einen Heiligen gefunden. Ihr Engel könnte sich schnell als ein gefallener entpuppen, der es bequem findet, sich helfen zu lassen, ohne sich selbst zu verändern. Das muss zwar nicht sein, es passiert aber oft.

TABELLEN

Mit Hilfe der beiden Tabellen auf den folgenden Seiten können Sie schnell und unkompliziert herausfinden, in welchen Tierkreiszeichen sich die Planeten Mars und Venus zum Zeitpunkt Ihrer Geburt befanden. Die Uhrzeit spielt dabei keine Rolle, lediglich das Geburtsdatum.

In der linken Spalte ist jeweils das Datum angegeben, ab dem sich der betreffende Planet in dem Tierkreiszeichen befand, das in der rechts angrenzenden Spalte genannt wird.

Ein Beispiel: Jemand wurde am 14.3.1971 geboren. Mars befand sich zu diesem Zeitpunkt im Steinbock, Venus im Wassermann.

Wichtig: Sowohl Mars wie auch Venus bewegen sich nicht kontinuierlich vorwärts durch den Tierkreis, also von einem Tierkreiszeichen zum nächsten wie die Sonne. (Das hat etwas mit Phasen der Rückläufigkeit zu tun, die Venus und Mars von Zeit zu Zeit durchlaufen.) So erklärt sich beispielsweise eine solche Abfolge: Mars befand sich ab dem 22.9.1960 im Krebs, ging am 6.2.1961 ins Zeichen Zwillinge und am 8.2.1961 wieder ins Zeichen Krebs.

So ermitteln Sie die Stellung des Mars

Datum	Mars	Datum	Mars	Datum	Mars
04.01.40	Widder	15.02.45	Wassermann	08.09.49	Löwe
18.02.40	Stier	26.03.45	Fische	28.10.49	Jungfrau
02.04.40	Zwillinge	03.05.45	Widder	27.12.49	Waage
18.05.40	Krebs	12.06.45	Stier	29.03.50	Jungfrau
04.07.40	Löwe	24.07.45	Zwillinge	12.06.50	Waage
20.08.40	Jungfrau	08.09.45	Krebs	11.08.50	Skorpion
06.10.40	Waage	12.11.45	Löwe	26.09.50	Schütze
21.11.40	Skorpion	27.12.45	Krebs	07.11.50	Steinbock
05.01.41	Schütze	23.04.46	Löwe	16.12.50	Wassermann
18.02.41	Steinbock	21.06.46	Jungfrau	23.01.51	Fische
03.04.41	Wassermann	10.08.46	Waage	02.03.51	Widder
17.05.41	Fische	25.09.46	Skorpion	11.04.51	Stier
03.07.41	Widder	07.11.46	Schütze	22.05.51	Zwillinge
12.01.42	Stier	18.12.46	Steinbock	04.07.51	Krebs
08.03.42	Zwillinge	26.01.47	Wassermann	19.08.51	Löwe
27.04.42	Krebs	05.03.47	Fische	06.10.51	Jungfrau
15.06.42	Löwe	12.04.47	Widder	25.11.51	Waage
02.08.42	Jungfrau	22.05.47	Stier	21.01.52	Skorpion
18.09.42	Waage	02.07.47	Zwillinge	28.08.52	Schütze
02.11.42	Skorpion	14.08.47	Krebs	13.10.52	Steinbock
16.12.42	Schütze	02.10.47	Löwe	22.11.52	Wassermann
27.01.43	Steinbock	02.12.47	Jungfrau	31.12.52	Fische
09.03.43	Wassermann	13.02.48	Löwe	09.02.53	Widder
18.04.43	Fische	19.05.48	Jungfrau	21.03.53	Stier
28.05.43	Widder	18.07.48	Waage	02.05.53	Zwillinge
08.07.43	Stier	04.09.48	Skorpion	15.06.53	Krebs
24.08.43	Zwillinge	18.10.48	Schütze	30.07.53	Löwe
29.03.44	Krebs	27.11.48	Steinbock	15.09.53	Jungfrau
23.05.44	Löwe	05.01.49	Wassermann	02.11.53	Waage
13.07.44	Jungfrau	12.02.49	Fische	21.12.53	Skorpion
30.08.44	Waage	22.03.49	Widder	10.02.54	Schütze
14.10.44	Skorpion	01.05.49	Stier	13.04.54	Steinbock
26.11.44	Schütze	11.06.49	Zwillinge	04.07.54	Schütze
06.01.45	Steinbock	24.07.49	Krebs	25.08.54	Steinbock

Datum	Mars	Datum	Mars	Datum	Mars
22.10.54	Wassermann	15.01.60	Steinbock	05.10.65	Schütze
05.12.54	Fische	24.02.60	Wassermann	15.11.65	Steinbock
16.01.55	Widder	03.04.60	Fische	24.12.65	Wassermann
27.02.55	Stier	12.05.60	Widder	31.01.66	Fische
11.04.55	Zwillinge	21.06.60	Stier	10.03.66	Widder
27.05.55	Krebs	03.08.60	Zwillinge	18.04.66	Stier
12.07.55	Löwe	22.09.60	Krebs	29.05.66	Zwillinge
28.08.55	Jungfrau	06.02.61	Zwillinge	12.07.66	Krebs
14.10.55	Waage	08.02.61	Krebs	26.08.66	Löwe
30.11.55	Skorpion	07.05.61	Löwe	13.10.66	Jungfrau
15.01.56	Schütze	29.06.61	Jungfrau	05.12.66	Waage
29.02.56	Steinbock	18.08.61	Waage	13.02.67	Skorpion
15.04.56	Wassermann	02.10.61	Skorpion	01.04.67	Waage
04.06.56	Fische	14.11.61	Schütze	20.07.67	Skorpion
07.12.56	Widder	25.12.61	Steinbock	11.09.67	Schütze
29.01.57	Stier	02.02.62	Wassermann	24.10.67	Steinbock
18.03.57	Zwillinge	13.03.62	Fische	02.12.67	Wassermann
05.05.57	Krebs	20.04.62	Widder	10.01.68	Fische
22.06.57	Löwe	29.05.62	Stier	18.02.68	Widder
09.08.57	Jungfrau	10.07.62	Zwillinge	28.03.68	Stier
25.09.57	Waage	23.08.62	Krebs	09.05.68	Zwillinge
09.11.57	Skorpion	12.10.62	Löwe	22.06.68	Krebs
24.12.57	Schütze	04.06.63	Jungfrau	06.08.68	Löwe
04.02.58	Steinbock	28.07.63	Waage	22.09.68	Jungfrau
18.03.58	Wassermann	13.09.63	Skorpion	10.11.68	Waage
28.04.58	Fische	26.10.63	Schütze	30.12.68	Skorpion
08.06.58	Widder	06.12.63	Steinbock	26.02.69	Schütze
22.07.58	Stier	14.01.64	Wassermann	22.09.69	Steinbock
22.09.58	Zwillinge	21.02.64	Fische	05.11.69	Wassermann
30.10.58	Stier	30.03.64	Widder	16.12.69	Fische
11.02.59	Zwillinge	08.05.64	Stier	25.01.70	Widder
11.04.59	Krebs	18.06.64	Zwillinge	08.03.70	Stier
02.06.59	Löwe	31.07.64	Krebs	19.04.70	Zwillinge
21.07.59	Jungfrau	16.09.64	Löwe	03.06.70	Krebs
06.09.59	Waage	07.11.64	Jungfrau	19.07.70	Löwe
22.10.59	Skorpion	30.06.65	Waage	04.09.70	Jungfrau
04.12.59	Schütze	21.08.65	Skorpion	21.10.70	Waage

Datum	Mars	Datum	Mars	Datum	Mars
07.12.70	Skorpion	17.05.76	Löwe	26.04.81	Stier
24.01.71	Schütze	07.07.76	Jungfrau	06.06.81	Zwillinge
13.03.71	Steinbock	25.08.76	Waage	19.07.81	Krebs
04.05.71	Wassermann	09.10.76	Skorpion	03.09.81	Löwe
07.11.71	Fische	21.11.76	Schütze	22.10.81	Jungfrau
27.12.71	Widder	02.01.77	Steinbock	17.12.81	Waage
11.02.72	Stier	10.02.77	Wassermann	04.08.82	Skorpion
28.03.72	Zwillinge	21.03.77	Fische	21.09.82	Schütze
13.05.72	Krebs	28.04.77	Widder	01.11.82	Steinbock
29.06.72	Löwe	07.06.77	Stier	11.12.82	Wassermann
16.08.72	Jungfrau	18.07.77	Zwillinge	18.01.83	Fische
01.10.72	Waage	02.09.77	Krebs	26.02.83	Widder
16.11.72	Skorpion	27.10.77	Löwe	06.04.83	Stier
31.12.72	Schütze	27.01.78	Krebs	17.05.83	Zwillinge
13.02.73	Steinbock	11.04.78	Löwe	30.06.83	Krebs
27.03.73	Wassermann	15.06.78	Jungfrau	14.08.83	Löwe
09.05.73	Fische	05.08.78	Waage	01.10.83	Jungfrau
21.06.73	Widder	20.09.78	Skorpion	19.11.83	Waage
13.08.73	Stier	03.11.78	Schütze	12.01.84	Skorpion
30.10.73	Widder	13.12.78	Steinbock	18.08.84	Schütze
25.12.73	Stier	21.01.79	Wassermann	06.10.84	Steinbock
28.02.74	Zwillinge	28.02.79	Fische	16.11.84	Wassermann
21.04.74	Krebs	08.04.79	Widder	26.12.84	Fische
10.06.74	Löwe	17.05.79	Stier	03.02.85	Widder
28.07.74	Jungfrau	27.06.79	Zwillinge	16.03.85	Stier
13.09.74	Waage	09.08.79	Krebs	27.04.85	Zwillinge
29.10.74	Skorpion	25.09.79	Löwe	10.06.85	Krebs
11.12.74	Schütze	20.11.79	Jungfrau	26.07.85	Löwe
22.01.75	Steinbock	12.03.80	Löwe	11.09.85	Jungfrau
04.03.75	Wassermann	05.05.80	Jungfrau	28.10.85	Waage
12.04.75	Fische	11.07.80	Waage	15.12.85	Skorpion
22.05.75	Widder	30.08.80	Skorpion	03.02.86	Schütze
02.07.75	Stier	13.10.80	Schütze	29.03.86	Steinbock
15.08.75	Zwillinge	23.11.80	Steinbock	10.10.86	Wassermann
18.10.75	Krebs	31.12.80	Wassermann	27.11.86	Fische
26.11.75	Zwillinge	07.02.81	Fische	09.01.87	Widder
19.03.76	Krebs	18.03.81	Widder	21.02.87	Stier

Datum	Mars	Datum	Mars	Datum	Mars
06.04.87	Zwillinge	30.11.91	Schütze	10.09.96	Löwe
22.05.87	Krebs	10.01.92	Steinbock	31.10.96	Jungfrau
07.07.87	Löwe	19.02.92	Wassermann	04.01.97	Waage
23.08.87	Jungfrau	29.03.92	Fische	09.03.97	Jungfrau
09.10.87	Waage	06.05.92	Widder	20.06.97	Waage
25.11.87	Skorpion	15.06.92	Stier	15.08.97	Skorpion
09.01.88	Schütze	27.07.92	Zwillinge	29.09.97	Schütze
23.02.88	Steinbock	13.09.92	Krebs	10.11.97	Steinbock
07.04.88	Wassermann	28.04.93	Löwe	19.12.97	Wassermann
23.05.88	Fische	24.06.93	Jungfrau	26.01.98	Fische
14.07.88	Widder	13.08.93	Waage	05.03.98	Widder
24.10.88	Fische	28.09.93	Skorpion	14.04.98	Stier
02.11.88	Widder	10.11.93	Schütze	25.05.98	Zwillinge
20.01.89	Stier	21.12.93	Steinbock	07.07.98	Krebs
12.03.89	Zwillinge	29.01.94	Wassermann	21.08.98	Löwe
30.04.89	Krebs	08.03.94	Fische	08.10.98	Jungfrau
17.06.89	Löwe	15.04.94	Widder	28.11.98	Waage
04.08.89	Jungfrau	24.05.94	Stier	27.01.99	Skorpion
20.09.89	Waage	04.07.94	Zwillinge	06.05.99	Waage
05.11.89	Skorpion	17.08.94	Krebs	06.07.99	Skorpion
19.12.89	Schütze	05.10.94	Löwe	03.09.99	Schütze
30.01.90	Steinbock	13.12.94	Jungfrau	18.10.99	Steinbock
12.03.90	Wassermann	23.01.95	Löwe	27.11.99	Wassermann
21.04.90	Fische	26.05.95	Jungfrau	05.01.00	Fische
01.06.90	Widder	22.07.95	Waage	13.02.00	Widder
13.07.90	Stier	08.09.95	Skorpion	24.03.00	Stier
01.09.90	Zwillinge	21.10.95	Schütze	04.05.00	Zwillinge
15.12.90	Stier	01.12.95	Steinbock	17.06.00	Krebs
22.01.91	Zwillinge	09.01.96	Wassermann	02.08.00	Löwe
04.04.91	Krebs	16.02.96	Fische	18.09.00	Jungfrau
27.05.91	Löwe	25.03.96	Widder	05.11.00	Waage
16.07.91	Jungfrau	03.05.96	Stier	24.12.00	Skorpion
02.09.91	Waage	13.06.96	Zwillinge		
17.10.91	Skorpion	26.07.96	Krebs		

So ermitteln Sie die Stellung der Venus

Datum	Venus	Datum	Venus	Datum	Venus
19.01.40	Fische	22.11.42	Schütze	25.09.45	Jungfrau
13.02.40	Widder	16.12.42	Steinbock	20.10.45	Waage
09.03.40	Stier	09.01.43	Wassermann	13.11.45	Skorpion
05.04.40	Zwillinge	02.02.43	Fische	07.12.45	Schütze
07.05.40	Krebs	26.02.43	Widder	31.12.45	Steinbock
06.07.40	Zwillinge	22.03.43	Stier	23.01.46	Wassermann
02.08.40	Krebs	16.04.43	Zwillinge	16.02.46	Fische
09.09.40	Löwe	12.05.43	Krebs	12.03.46	Widder
07.10.40	Jungfrau	08.06.43	Löwe	06.04.46	Stier
02.11.40	Waage	08.07.43	Jungfrau	30.04.46	Zwillinge
27.11.40	Skorpion	10.11.43	Waage	25.05.46	Krebs
21.12.40	Schütze	09.12.43	Skorpion	19.06.46	Löwe
14.01.41	Steinbock	04.01.44	Schütze	14.07.46	Jungfrau
07.02.41	Wassermann	29.01.44	Steinbock	10.08.46	Waage
03.03.41	Fische	22.02.44	Wassermann	08.09.46	Skorpion
28.03.41	Widder	18.03.44	Fische	17.10.46	Schütze
21.04.41	Stier	11.04.44	Widder	09.11.46	Skorpion
15.05.41	Zwillinge	05.05.44	Stier	06.01.47	Schütze
08.06.41	Krebs	30.05.44	Zwillinge	07.02.47	Steinbock
03.07.41	Löwe	23.06.44	Krebs	06.03.47	Wassermann
28.07.41	Jungfrau	18.07.44	Löwe	31.03.47	Fische
22.08.41	Waage	11.08.44	Jungfrau	26.04.47	Widder
16.09.41	Skorpion	04.09.44	Waage	21.05.47	Stier
11.10.41	Schütze	29.09.44	Skorpion	14.06.47	Zwillinge
07.11.41	Steinbock	23.10.44	Schütze	09.07.47	Krebs
06.12.41	Wassermann	17.11.44	Steinbock	03.08.47	Löwe
07.04.42	Fische	12.12.44	Wassermann	27.08.47	Jungfrau
07.05.42	Widder	06.01.45	Fische	20.09.47	Waage
03.06.42	Stier	03.02.45	Widder	14.10.47	Skorpion
28.06.42	Zwillinge	12.03.45	Stier	07.11.47	Schütze
24.07.42	Krebs	08.04.45	Widder	01.12.47	Steinbock
18.08.42	Löwe	05.06.45	Stier	25.12.47	Wassermann
11.09.42	Jungfrau	08.07.45	Zwillinge	19.01.48	Fische
05.10.42	Waage	05.08.45	Krebs	12.02.48	Widder
29.10.42	Skorpion	31.08.45	Löwe	09.03.48	Stier

Datum	Venus	Datum	Venus	Datum	Venus
05.04.48	Zwillinge	16.04.51	Zwillinge	29.04.54	Zwillinge
08.05.48	Krebs	12.05.51	Krebs	24.05.54	Krebs
30.06.48	Zwillinge	08.06.51	Löwe	18.06.54	Löwe
04.08.48	Krebs	09.07.51	Jungfrau	14.07.54	Jungfrau
09.09.48	Löwe	10.11.51	Waage	10.08.54	Waage
07.10.48	Jungfrau	09.12.51	Skorpion	07.09.54	Skorpion
02.11.48	Waage	03.01.52	Schütze	24.10.54	Schütze
27.11.48	Skorpion	28.01.52	Steinbock	28.10.54	Skorpion
21.12.48	Schütze	22.02.52	Wassermann	07.01.55	Schütze
14.01.49	Steinbock	17.03.52	Fische	07.02.55	Steinbock
07.02.49	Wassermann	10.04.52	Widder	05.03.55	Wassermann
03.03.49	Fische	05.05.52	Stier	31.03.55	Fische
27.03.49	Widder	29.05.52	Zwillinge	25.04.55	Widder
20.04.49	Stier	23.06.52	Krebs	20.05.55	Stier
15.05.49	Zwillinge	17.07.52	Löwe	14.06.55	Zwillinge
08.06.49	Krebs	10.08.52	Jungfrau	09.07.55	Krebs
02.07.49	Löwe	04.09.52	Waage	02.08.55	Löwe
27.07.49	Jungfrau	28.09.52	Skorpion	26.08.55	Jungfrau
21.08.49	Waage	23.10.52	Schütze	19.09.55	Waage
15.09.49	Skorpion	16.11.52	Steinbock	14.10.55	Skorpion
11.10.49	Schütze	11.12.52	Wassermann	07.11.55	Schütze
07.11.49	Steinbock	06.01.53	Fische	01.12.55	Steinbock
07.12.49	Wassermann	03.02.53	Widder	25.12.55	Wassermann
07.04.50	Fische	15.03.53	Stier	18.01.56	Fische
06.05.50	Widder	01.04.53	Widder	12.02.56	Widder
02.06.50	Stier	06.06.53	Stier	08.03.56	Stier
28.06.50	Zwillinge	08.07.53	Zwillinge	05.04.56	Zwillinge
23.07.50	Krebs	05.08.53	Krebs	09.05.56	Krebs
17.08.50	Löwe	31.08.53	Löwe	24.06.56	Zwillinge
11.09.50	Jungfrau	25.09.53	Jungfrau	05.08.56	Krebs
05.10.50	Waage	19.10.53	Waage	09.09.56	Löwe
29.10.50	Skorpion	12.11.53	Skorpion	07.10.56	Jungfrau
22.11.50	Schütze	06.12.53	Schütze	01.11.56	Waage
15.12.50	Steinbock	30.12.53	Steinbock	26.11.56	Skorpion
08.01.51	Wassermann	23.01.54	Wassermann	20.12.56	Schütze
01.02.51	Fische	16.02.54	Fische	13.01.57	Steinbock
25.02.51	Widder	12.03.54	Widder	06.02.57	Wassermann
22.03.51	Stier	05.04.54	Stier	02.03.57	Fische

Datum	Venus	Datum	Venus	Datum	Venus
26.03.57	Widder	10.04.60	Widder	13.06.63	Zwillinge
20.04.57	Stier	04.05.60	Stier	08.07.63	Krebs
14.05.57	Zwillinge	29.05.60	Zwillinge	01.08.63	Löwe
07.06.57	Krebs	22.06.60	Krebs	26.08.63	Jungfrau
02.07.57	Löwe	17.07.60	Löwe	19.09.63	Waage
27.07.57	Jungfrau	10.08.60	Jungfrau	13.10.63	Skorpion
21.08.57	Waage	03.09.60	Waage	06.11.63	Schütze
15.09.57	Skorpion	28.09.60	Skorpion	30.11.63	Steinbock
11.10.57	Schütze	22.10.60	Schütze	24.12.63	Wassermann
06.11.57	Steinbock	16.11.60	Steinbock	18.01.64	Fische
07.12.57	Wassermann	11.12.60	Wassermann	11.02.64	Widder
07.04.58	Fische	06.01.61	Fische	08.03.64	Stier
06.05.58	Widder	03.02.61	Widder	05.04.64	Zwillinge
02.06.58	Stier	06.06.61	Stier	10.05.64	Krebs
27.06.58	Zwillinge	08.07.61	Zwillinge	18.06.64	Zwillinge
23.07.58	Krebs	04.08.61	Krebs	06.08.64	Krebs
17.08.58	Löwe	30.08.61	Löwe	09.09.64	Löwe
10.09.58	Jungfrau	24.09.61	Jungfrau	06.10.64	Jungfrau
04.10.58	Waage	19.10.61	Waage	01.11.64	Waage
28.10.58	Skorpion	12.11.61	Skorpion	26.11.64	Skorpion
21.11.58	Schütze	06.12.61	Schütze	20.12.64	Schütze
15.12.58	Steinbock	30.12.61	Steinbock	13.01.65	Steinbock
08.01.59	Wassermann	22.01.62	Wassermann	06.02.65	Wassermann
01.02.59	Fische	15.02.62	Fische	02.03.65	Fische
25.02.59	Widder	11.03.62	Widder	26.03.65	Widder
21.03.59	Stier	04.04.62	Stier	19.04.65	Stier
15.04.59	Zwillinge	29.04.62	Zwillinge	13.05.65	Zwillinge
11.05.59	Krebs	24.05.62	Krebs	07.06.65	Krebs
07.06.59	Löwe	18.06.62	Löwe	01.07.65	Löwe
09.07.59	Jungfrau	13.07.62	Jungfrau	26.07.65	Jungfrau
21.09.59	Löwe	09.08.62	Waage	20.08.65	Waage
26.09.59	Jungfrau	08.09.62	Skorpion	14.09.65	Skorpion
10.11.59	Waage	07.01.63	Schütze	10.10.65	Schütze
08.12.59	Skorpion	06.02.63	Steinbock	06.11.65	Steinbock
03.01.60	Schütze	05.03.63	Wassermann	08.12.65	Wassermann
28.01.60	Steinbock	31.03.63	Fische	07.02.66	Steinbock
21.02.60	Wassermann	25.04.63	Widder	26.02.66	Wassermann
17.03.60	Fische	20.05.63	Stier	07.04.66	Fische

134

Datum	Venus	Datum	Venus	Datum	Venus
06.05.66	Widder	03.02.69	Widder	04.04.72	Zwillinge
01.06.66	Stier	07.06.69	Stier	11.05.72	Krebs
27.06.66	Zwillinge	07.07.69	Zwillinge	12.06.72	Zwillinge
22.07.66	Krebs	04.08.69	Krebs	07.08.72	Krebs
16.08.66	Löwe	30.08.69	Löwe	08.09.72	Löwe
09.09.66	Jungfrau	24.09.69	Jungfrau	06.10.72	Jungfrau
04.10.66	Waage	18.10.69	Waage	31.10.72	Waage
28.10.66	Skorpion	11.11.69	Skorpion	25.11.72	Skorpion
21.11.66	Schütze	05.12.69	Schütze	19.12.72	Schütze
14.12.66	Steinbock	29.12.69	Steinbock	12.01.73	Steinbock
07.01.67	Wassermann	22.01.70	Wassermann	05.02.73	Wassermann
31.01.67	Fische	15.02.70	Fische	01.03.73	Fische
24.02.67	Widder	11.03.70	Widder	25.03.73	Widder
21.03.67	Stier	04.04.70	Stier	19.04.73	Stier
15.04.67	Zwillinge	28.04.70	Zwillinge	13.05.73	Zwillinge
11.05.67	Krebs	23.05.70	Krebs	06.06.73	Krebs
07.06.67	Löwe	17.06.70	Löwe	01.07.73	Löwe
09.07.67	Jungfrau	13.07.70	Jungfrau	26.07.73	Jungfrau
10.09.67	Löwe	09.08.70	Waage	20.08.73	Waage
02.10.67	Jungfrau	08.09.70	Skorpion	14.09.73	Skorpion
10.11.67	Waage	08.01.71	Schütze	10.10.73	Schütze
08.12.67	Skorpion	06.02.71	Steinbock	06.11.73	Steinbock
02.01.68	Schütze	05.03.71	Wassermann	08.12.73	Wassermann
27.01.68	Steinbock	30.03.71	Fische	30.01.74	Steinbock
21.02.68	Wassermann	24.04.71	Widder	01.03.74	Wassermann
16.03.68	Fische	19.05.71	Stier	07.04.74	Fische
09.04.68	Widder	13.06.71	Zwillinge	05.05.74	Widder
04.05.68	Stier	07.07.71	Krebs	01.06.74	Stier
28.05.68	Zwillinge	01.08.71	Löwe	26.06.74	Zwillinge
22.06.68	Krebs	25.08.71	Jungfrau	22.07.74	Krebs
16.07.68	Löwe	18.09.71	Waage	15.08.74	Löwe
09.08.68	Jungfrau	12.10.71	Skorpion	09.09.74	Jungfrau
03.09.68	Waage	06.11.71	Schütze	03.10.74	Waage
27.09.68	Skorpion	30.11.71	Steinbock	27.10.74	Skorpion
22.10.68	Schütze	24.12.71	Wassermann	20.11.74	Schütze
15.11.68	Steinbock	17.01.72	Fische	14.12.74	Steinbock
10.12.68	Wassermann	11.02.72	Widder	07.01.75	Wassermann
05.01.69	Fische	08.03.72	Stier	31.01.75	Fische

Datum	Venus	Datum	Venus	Datum	Venus
24.02.75	Widder	10.03.78	Widder	25.03.81	Widder
20.03.75	Stier	03.04.78	Stier	18.04.81	Stier
14.04.75	Zwillinge	28.04.78	Zwillinge	12.05.81	Zwillinge
10.05.75	Krebs	23.05.78	Krebs	06.06.81	Krebs
07.06.75	Löwe	17.06.78	Löwe	30.06.81	Löwe
10.07.75	Jungfrau	13.07.78	Jungfrau	25.07.81	Jungfrau
03.09.75	Löwe	09.08.78	Waage	19.08.81	Waage
05.10.75	Jungfrau	08.09.78	Skorpion	13.09.81	Skorpion
10.11.75	Waage	08.01.79	Schütze	10.10.81	Schütze
08.12.75	Skorpion	06.02.79	Steinbock	06.11.81	Steinbock
02.01.76	Schütze	04.03.79	Wassermann	09.12.81	Wassermann
27.01.76	Steinbock	30.03.79	Fische	24.01.82	Steinbock
20.02.76	Wassermann	24.04.79	Widder	03.03.82	Wassermann
16.03.76	Fische	19.05.79	Stier	07.04.82	Fische
09.04.76	Widder	12.06.79	Zwillinge	05.05.82	Widder
03.05.76	Stier	07.07.79	Krebs	31.05.82	Stier
28.05.76	Zwillinge	31.07.79	Löwe	26.06.82	Zwillinge
21.06.76	Krebs	25.08.79	Jungfrau	21.07.82	Krebs
15.07.76	Löwe	18.09.79	Waage	15.08.82	Löwe
09.08.76	Jungfrau	12.10.79	Skorpion	08.09.82	Jungfrau
02.09.76	Waage	05.11.79	Schütze	03.10.82	Waage
27.09.76	Skorpion	29.11.79	Steinbock	27.10.82	Skorpion
21.10.76	Schütze	23.12.79	Wassermann	19.11.82	Schütze
15.11.76	Steinbock	17.01.80	Fische	13.12.82	Steinbock
10.12.76	Wassermann	10.02.80	Widder	06.01.83	Wassermann
05.01.77	Fische	07.03.80	Stier	30.01.83	Fische
03.02.77	Widder	04.04.80	Zwillinge	23.02.83	Widder
07.06.77	Stier	13.05.80	Krebs	20.03.83	Stier
07.07.77	Zwillinge	06.06.80	Zwillinge	14.04.83	Zwillinge
03.08.77	Krebs	07.08.80	Krebs	10.05.83	Krebs
29.08.77	Löwe	08.09.80	Löwe	07.06.83	Löwe
23.09.77	Jungfrau	05.10.80	Jungfrau	11.07.83	Jungfrau
18.10.77	Waage	31.10.80	Waage	28.08.83	Löwe
11.11.77	Skorpion	25.11.80	Skorpion	06.10.83	Jungfrau
05.12.77	Schütze	19.12.80	Schütze	10.11.83	Waage
28.12.77	Steinbock	12.01.81	Steinbock	07.12.83	Skorpion
21.01.78	Wassermann	05.02.81	Wassermann	02.01.84	Schütze
14.02.78	Fische	01.03.81	Fische	26.01.84	Steinbock

Datum	Venus	Datum	Venus	Datum	Venus
20.02.84	Wassermann	23.04.87	Widder	04.03.90	Wassermann
15.03.84	Fische	18.05.87	Stier	07.04.90	Fische
08.04.84	Widder	12.06.87	Zwillinge	05.05.90	Widder
03.05.84	Stier	06.07.87	Krebs	31.05.90	Stier
27.05.84	Zwillinge	31.07.87	Löwe	26.06.90	Zwillinge
21.06.84	Krebs	24.08.87	Jungfrau	21.07.90	Krebs
15.07.84	Löwe	17.09.87	Waage	14.08.90	Löwe
08.08.84	Jungfrau	11.10.87	Skorpion	08.09.90	Jungfrau
02.09.84	Waage	04.11.87	Schütze	02.10.90	Waage
26.09.84	Skorpion	29.11.87	Steinbock	26.10.90	Skorpion
21.10.84	Schütze	23.12.87	Wassermann	19.11.90	Schütze
14.11.84	Steinbock	16.01.88	Fische	13.12.90	Steinbock
10.12.84	Wassermann	10.02.88	Widder	06.01.91	Wassermann
05.01.85	Fische	07.03.88	Stier	30.01.91	Fische
03.02.85	Widder	04.04.88	Zwillinge	23.02.91	Widder
07.06.85	Stier	18.05.88	Krebs	19.03.91	Stier
07.07.85	Zwillinge	28.05.88	Zwillinge	14.04.91	Zwillinge
03.08.85	Krebs	07.08.88	Krebs	10.05.91	Krebs
29.08.85	Löwe	08.09.88	Löwe	07.06.91	Löwe
23.09.85	Jungfrau	05.10.88	Jungfrau	12.07.91	Jungfrau
17.10.85	Waage	30.10.88	Waage	22.08.91	Löwe
10.11.85	Skorpion	24.11.88	Skorpion	07.10.91	Jungfrau
04.12.85	Schütze	18.12.88	Schütze	10.11.91	Waage
28.12.85	Steinbock	11.01.89	Steinbock	07.12.91	Skorpion
21.01.86	Wassermann	04.02.89	Wassermann	01.01.92	Schütze
14.02.86	Fische	28.02.89	Fische	26.01.92	Steinbock
10.03.86	Widder	24.03.89	Widder	19.02.92	Wassermann
03.04.86	Stier	17.04.89	Stier	14.03.92	Fische
27.04.86	Zwillinge	12.05.89	Zwillinge	08.04.92	Widder
22.05.86	Krebs	05.06.89	Krebs	02.05.92	Stier
16.06.86	Löwe	30.06.89	Löwe	27.05.92	Zwillinge
12.07.86	Jungfrau	25.07.89	Jungfrau	20.06.92	Krebs
08.08.86	Waage	19.08.89	Waage	14.07.92	Löwe
08.09.86	Skorpion	13.09.89	Skorpion	08.08.92	Jungfrau
08.01.87	Schütze	09.10.89	Schütze	01.09.92	Waage
06.02.87	Steinbock	06.11.89	Steinbock	26.09.92	Skorpion
04.03.87	Wassermann	11.12.89	Wassermann	20.10.92	Schütze
29.03.87	Fische	17.01.90	Steinbock	14.11.92	Steinbock

137

Datum	Venus	Datum	Venus	Datum	Venus
09.12.92	Wassermann	04.11.95	Schütze	14.08.98	Löwe
04.01.93	Fische	28.11.95	Steinbock	07.09.98	Jungfrau
03.02.93	Widder	22.12.95	Wassermann	01.10.98	Waage
07.06.93	Stier	16.01.96	Fische	25.10.98	Skorpion
07.07.93	Zwillinge	10.02.96	Widder	18.11.98	Schütze
02.08.93	Krebs	07.03.96	Stier	12.12.98	Steinbock
28.08.93	Löwe	04.04.96	Zwillinge	05.01.99	Wassermann
22.09.93	Jungfrau	08.08.96	Krebs	29.01.99	Fische
17.10.93	Waage	08.09.96	Löwe	22.02.99	Widder
10.11.93	Skorpion	05.10.96	Jungfrau	19.03.99	Stier
03.12.93	Schütze	30.10.96	Waage	13.04.99	Zwillinge
27.12.93	Steinbock	24.11.96	Skorpion	09.05.99	Krebs
20.01.94	Wassermann	18.12.96	Schütze	06.06.99	Löwe
13.02.94	Fische	11.01.97	Steinbock	13.07.99	Jungfrau
09.03.94	Widder	04.02.97	Wassermann	16.08.99	Löwe
02.04.94	Stier	28.02.97	Fische	08.10.99	Jungfrau
27.04.94	Zwillinge	24.03.97	Widder	10.11.99	Waage
22.05.94	Krebs	17.04.97	Stier	06.12.99	Skorpion
16.06.94	Löwe	11.05.97	Zwillinge	01.01.00	Schütze
12.07.94	Jungfrau	05.06.97	Krebs	25.01.00	Steinbock
08.08.94	Waage	29.06.97	Löwe	19.02.00	Wassermann
08.09.94	Skorpion	24.07.97	Jungfrau	14.03.00	Fische
08.01.95	Schütze	18.08.97	Waage	07.04.00	Widder
05.02.95	Steinbock	13.09.97	Skorpion	02.05.00	Stier
03.03.95	Wassermann	09.10.97	Schütze	26.05.00	Zwillinge
29.03.95	Fische	06.11.97	Steinbock	19.06.00	Krebs
23.04.95	Widder	13.12.97	Wassermann	14.07.00	Löwe
17.05.95	Stier	10.01.98	Steinbock	07.08.00	Jungfrau
11.06.95	Zwillinge	05.03.98	Wassermann	01.09.00	Waage
06.07.95	Krebs	07.04.98	Fische	25.09.00	Skorpion
30.07.95	Löwe	04.05.98	Widder	20.10.00	Schütze
24.08.95	Jungfrau	30.05.98	Stier	14.11.00	Steinbock
17.09.95	Waage	25.06.98	Zwillinge	09.12.00	Wassermann
11.10.95	Skorpion	20.07.98	Krebs		

Der Widder und die Liebe
ISBN: 3-8068-1901-7
Die anderen Sternzeichen dieser Reihe:
1902-5 Stier
1903-3 Zwilling
1904-1 Krebs
1905-X Löwe
1906-8 Jungfrau
1907-6 Waage
1908-4 Skorpion
1909-2 Schütze
1910-6 Steinbock
1911-4 Wassermann
1912-2 Fisch

Liebeshoroskope für Verliebte: Wer mehr über seinen Partner oder die Partnerin erfahren will, bekommt hier das Charakterbild der Erwählten analysiert und die Beziehungschancen dargestellt – einfühlsam, liebevoll und nicht mit astrologischen Begriffen überfrachtet.

Alle Bücher haben 80 Seiten, sind durchgehend vierfarbig, gebunden und kosten **DM 14,90.**

Liebes-Horoskop
Von W. Noé – 120 S., kartoniert
ISBN: 3-635-60297-3
Preis: DM 12,90

Die Sterne prägen die erotische Anziehung und sie können der Schlüssel zu tieferer Einsicht in Bezug auf sexuelle Bedürfnisse und Vorlieben sein. Dieser astrologische Ratgeber zeigt Ihnen den Weg zu einer befriedigenden und erfüllten Partnerschaft. Finden Sie heraus, bei welcher Sternzeichenkombination prickelnde Erotik sich von selbst einstellt und bei welcher mehr Verständnis und Toleranz nötig sind.

Der immerwährende Kalender der Mondkraft
Von S. Heideweg – 160 S., kartoniert
ISBN: 3-635-60301-5
Preis: DM 14,90

Die Kraft des Mondes wirkt und hilft. Wie Sie davon im täglichen Leben am besten profitieren, verrät Ihnen dieser Ratgeber.

Kraft der Sonne, Kraft des Mondes
Von S. Heideweg – 208 S., kartoniert
ISBN: 3-635-68009-5
Preis: DM 29,90

Im Einklang mit Sonne und Mond leben – Dieser astrologische Ratgeber bietet eine umfassende Orientierungshilfe für die Zeitplanung mit den kosmischen Kräften im Alltag.

Chinesisches Horoskop
Von G. Haddenbach – 88 S., kartoniert
ISBN: 3-635-60006-7
Preis: DM 9,90

Im uralten chinesischen Horoskop steht jedes Jahr unter dem Zeichen eines von insgesamt 12 Tieren, die Charakter und Schicksal des Menschen beeinflussen. In diesem Buch finden Sie Antworten zu Charakter, Liebe und Schicksal.

Astrologie und Gesundheit
Von J. Rachlitz – 140 S., kartoniert
ISBN: 3-635-60194-2
Preis: DM 14,90

Mit diesem Ratgeber wecken Sie Ihre Selbstheilungskräfte. Erfahren Sie, was das persönliche Horoskop über Ihre psychische und körperliche Disposition aussagt und wie Sie Krankheiten als Chancen zur Kurskorrektur erkennen.

Märchenhochzeit
Von A. Körner, C. Ziegler – 216 S., gebunden
ISBN: 3-8068-7360-7
Preis: DM 39,90

Der schönste Tag im Leben zweier Menschen ... Dieses Buch bietet Ihnen zahlreiche Tipps und Ratschläge für die individuelle Gestaltung rund ums Hochzeitsfest, damit Ihr Auftakt zur Ehe ein ganz besonderer wird.

Wir heiraten
Von S. Lippe – 160 S., gebunden
ISBN: 3-8068-7451-4
Preis: DM 39,90

Wer eine Traumhochzeit erleben möchte, an die sich alle noch nach Jahren erinnern, der muss rechtzeitig mit der Planung beginnen. Dieser Hochzeits-Ratgeber hilft dabei und bietet zahllose originelle Ideen und Anregungen.

Ideen rund ums Hochzeitfest
Von A. Wilke, B. Haß, S. Seyffert – 128 S, kartoniert
ISBN: 3-8068-2075-9
Preis: DM 19,90

Alles, was Freunde und Verwandte tun können, damit der Start in die Ehe ein wirklich unvergessliches Fest wird: spannende Überraschungen, witzige Verpackungen für Geldgeschenke, liebevolle Mitbringsel, „Gestaltungsvorschläge" für die Wohnung des Brautpaares, tolle Fotoideen – und natürlich die Hochzeitszeitung.

Hochzeitsplaner
Von H. A. Augst – 128 S., kartoniert
ISBN: 3-635-60556-5
Preis: DM 14,90

Der ultimative Hochzeitsratgeber, der dafür sorgt, dass an alles gedacht und kein Termin versäumt wird. Zahlreiche Checklisten und viele erprobte Tipps zum Zeitsparen helfen bei der Vor- und Nachbereitung. Auf dem Weg zur unvergesslichen Hochzeit ohne Panik und Stress.

Neue Hochzeitsreden
Von S. Harland – 112 S., kartoniert
ISBN: 3-635-60158-6
Preis: DM 12,90

Mit diesem Buch kann bei der Hochzeitsrede nichts mehr schief gehen! Eine kleine Redner-Schule gibt viele praktische Rede-Tipps, und zahlreiche moderne Musterreden liefern Ideen für Ansprachen zu verschiedensten Situationen und Feiern.

Hochzeitszeitungen texten und gestalten
Von H. J. Winkler – 120 S., kartoniert
ISBN: 3-635-60155-1
Preis: DM 12,90

Durch eine Festzeitung bleibt jedem Teilnehmer die Hochzeit noch lange in positiver Erinnerung. Außerdem tragen die veröffentlichten Begebenheiten, Glückwünsche und Fotos später zur Erheiterung bei. Dieses Buch bietet Ihnen eine Schritt-für-Schritt-Anleitung für die redaktionelle und drucktechnische Erstellung Ihrer Zeitung.